AF409460

راز واژگان پارسی

نویسنده: آریا یوسفی

فهرست مطالب

سخنی با خواننده

همه ی ما با نفوذ زبان عربی در پارسی کمابیش آشنا هستیم و می دانیم که شمار زیادی واژگان عربی در پارسی وجود دارند که ما هر روزه از آنها استفاده می کنیم اما احتمالاً نمی دانیم که بسیاری از این واژگان که ما آنها را اساساً عربی می پنداریم در اصل پارسی هستند. در این کتاب کوشیده می شود که این واژگان پارسی شناسایی شده و معرفی شوند تا ژرفا و گستره ی زبان پارسی بهتر و بیشتر شناخته شود. علاوه بر شناسایی این واژگان در این کتاب به شیوه ی واژه سازی پارسی نیز پرداخته می شود که امید است در نهایت به ساختن واژگان تازه و افزودن بر دایره ی واژگان پارسی و پویا تر شدن آن کمک کند.

در صدر اسلام با فتح ایران و گسترش حکمرانی مسلمانان، زبان عربی که زبان قوم پیروز بود به شدت تشنه ی واژگان تازه برای رفع نیازهای رو به گسترش حکمرانی تازه بنیاد اسلامی بود و زبان پارسی بهترین و در دسترس ترین زبانی بود که مسلمانان می توانستند به این منظور به آن رجوع کنند. به همین روی و به منظور ساختن واژگان عربی تازه، مسلمانان اعم از ایرانی و عرب، واژگان سه حرفی پارسی را به عنوان پایه ی فعل عربی در نظر می گرفتند و از آنها طبق قواعد دستور زبان عربی فعل و واژگان مشتق دیگر می ساختند. در چرخه ای ادامه دار این واژگان مشتق، که شکل و قالب عربی به خود گرفته بودند وارد پارسی می شدند و شکل عربیشان باعث می شد ریشه ی پارسی آنها ناشناخته مانده و همه، آن واژگان را اساساً عربی بدانند، مانند واژه ی "نظم" که به دلیل وجود شکل ها و ساختار های عربی از آن در پارسی نظیر منظم، تنظیم و ناظم عربی پنداشته می شود. حال آن که واژه ی "نظم" چنانکه توضیح داده خواهد شد یک واژه ی پارسی است.

امروزه ما برای دانستن ریشه ی واژه ها به فرهنگنامه های پارسی مانند دهخدا و معین و ... مراجعه می کنیم ولی باید دانست این واژه نامه ها خود نیز از خطا مصون نیستند و گردآورندگان این واژه نامه ها به علّت وجود ساختار های عربی از واژگان پارسی در زبان پارسی و نبودن مدرکی در نسخه های قدیمی مبنی بر پارسی بودن آنها، آن واژگان را از ریشه، اساساً عربی دانسته اند که خطا می باشد. در اینجا کوشیده می شود که با تکیه بر اصول واژه سازی پارسی این واژگان بهتر و بیشتر شناخته شوند.

پیشگفتار

زبان پایه و اساس فرهنگ هر ملت است و تا جایی شبیه به یک موجود زنده است که گویا جان دارد چرا که درست مانند یک موجود زنده پویاست و در گذر زمان تغییر می کند، می بالد و تکامل می یابد. اگر زبانی به هر دلیل از سیر تکاملی خود باز ماند ابتدا به انزوا کشیده شده و در نهایت ممکن است به فراموشی سپرده شود.

هر زبانی ویژگی ها و زیبایی های خاص خود را داراست و در درازای زمان به سبک ویژه ی خود تکامل می یابد و به پیش می رود. زبان ها از دو راه تکامل یافته و به دایره ی واژگان خود می افزایند:

۱.واژه سازی درون زبانی
۲.وارد کردن واژگان مورد نیاز از زبان های دیگر

نخستین و مهمترین شیوه ای که هر زبانی برای پیشرفت و تکامل خود به کار می گیرد واژه سازی درون زبانی است. هرچه توانایی یک زبان در واژه سازی بیشتر باشد آن زبان پویاتر و زنده تر خواهد بود.
روش دیگری که هر زبانی برای تکامل خویش به کار می گمارد وارد کردن واژگان مورد نیاز از زبان های دیگر است. درست است که این روش نیز تا حدی نیاز زبان به واژگان جدید را برآورده می کند و دایره ی لغات زبان را می گسترد ولی باید دانست که این شیوه مانند یک شمشیر دو لبه عمل می کند. اگر زبان میزبان بتواند واژگان بیگانه را درونی کند یعنی تحت اختیار قانون ها و قواعد خود قرار دهد و از آنها طبق قواعد خود مشتق سازی کند و واژگان تازه بسازد این عمل می تواند سازنده باشد ولی اگر واژگان وارد شده به زبان میزبان هویت مستقل خود را حفظ کنند و مشتقات دیگر از آنها نیز به جای آنکه بر اساس قواعد زبان میزبان ساخته شوند بر اساس قواعد زبان مبدا که با زبان میزبان سازگار نیست، ساخته شوند، واژگان وارد شده در گذر زمان همچون وصله های ناجور در زبان میزبان باقی می مانند، درست مانند قطره های روغن در آب که هرگز قادر به آمیخته شدن با آن و تشکیل یک محلول یک دست نمی باشند.
اگر واژگان راه یافته به زبان واژگان علمی و یا مربوط به تکنولوژی باشند عموماً مشکل خاصی پدید نخواهد آمد از آنجا که این واژگان معمولاً تک واژه هایی مجزا هستند که نیازی به مشتق سازی از آنها نیست و به کوچه های بن بست می مانند که شماری از آنها در هر شهری یافت می شود. کار جایی خراب می شود که این واژه ها از دسته ی واژگان مفهومی که احساسات و مفاهیم انسانی را منتقل می

کنند باشند. در این صورت زبان نیاز مبرمی به ساختن مشتق های جدید از آنها خواهد داشت و اگر آنها طبق اصول و قواعد زبان میزبان ساخته نشوند مانند سلول های سرطانی کل زبان را در بر خواهند گرفت. برای نمونه می توان به واژه ی جمع در فارسی اشاره کرد که از عربی وارد شده است. مشتق های این واژه نیز به جای آن که بر اساس قواعد پارسی ساخته شوند بر اساس قواعد عربی ساخته شده اند و به پارسی راه پیدا کرده اند. از مشتقات پرشمار آن می توان به این واژه ها اشاره کرد: جامع، مجموع، تجمّع، تجمیع، جماعت، جامعه، مجمع، مجامع. می توان انگاشت که اگر هر واژه ی بیگانه ای این چنین در پارسی تکثیر شود دیگر چیزی از زبان پارسی و قواعد آن باقی نخواهد ماند.

راه درست وارد کردن واژه های بیگانه این است که تنها ریشه ی واژه وارد شده و از آن فعل سازی شود تا بتوان مشتقات تازه را از آنها طبق دستور زبان و قواعد زبان میزبان ساخت. با این کار واژه ی بیگانه درونی سازی شده و دیگر فرقی با دیگر واژگان زبان میزبان نخواهد داشت.

زبان پارسی

زبان پارسی از جمله ی زبان های هند و اروپایی است. زبان های هند و اروپایی یک دسته ی بزرگ زبانی است که از زبان های هندی و پارسی تا زبان های اروپایی مانند اسپانیایی و انگلیسی را در بر می گیرد.

زبان های اروپایی به دلیل همگن بودن یعنی تعلق داشتن به یک دسته ی واحد زبانی دارای قواعد واژه سازی کمابیش مشابهی هستند و به راحتی در مجاورت هم تکامل یافته اند. در مورد زبان پارسی این روند تکاملی به دلیل هجوم عرب ها به ایران در مجاورت زبان عربی صورت گرفته است و مشکلی که در اینجا پیش آمده این است که زبان عربی متعلق به یک دسته ی زبانی کاملاً متفاوت با زبان پارسی است که آن را زبان های سامی می نامند و این زبان ها تفاوت هایی اساسی در سبک و سیاق واژه سازی با زبان های هند و اروپایی دارند. این تفاوت های اساسی در دستور زبان و واژه سازی سبب شده است که واژگان عربی راه یافته به پارسی چندان تابع دستور زبان فارسی نبوده و نتوان از آنها فعل سازی و مشتق سازی موثر کرد.

فرق های اساسی واژه سازی پارسی و عربی

نخستین فرق اساسی واژه سازی پارسی و عربی در واژه های ریشه و یا بن واژه ها است. بن واژه در واقع کوچکترین بخش معنادار زبان پارسی است که به عنوان پایه برای ساختن واژگان بزرگتر و پیچیده تر استفاده می گردد. برخی بن واژه ها خود به تنهایی نیز کاربرد دارند ولی برخی دیگر تنها به همراه پسوند و در ساختار واژگان پیچیده تر به کار برده می شوند.

می توان بطور کلی اصول واژه سازی پارسی را در دو نکته ی عمده بیان کرد:

١.   بن واژه های پارسی دو حرفی هستند.

٢.   در واژه سازی پارسی بن واژه دست نخورده باقی می ماند و فقط به ابتدا و انتهای آن پیشوند و پسوند افزوده می شود.

"بن واژه های پارسی دو حرفی هستند" به این معناست که تمام بن واژه های پارسی یا از دو صامت و یک مصوت کوتاه میانجی تشکیل شده اند مانند پَر، و یا از یک صامت و یک مصوّت بلند تشکیل شده اند مانند پا.

در مقابل، بن واژه های عربی سه حرفی هستند چرا که هر بن واژه ی عربی باید بتواند به شکل و وزن "فعل" بیان شود تا بتوان از آن طبق باب ها و وزن های متفاوت واژه سازی کرد مانند "جمع" که به وزن فاعل برده می شود و از آن واژه ی "جامع" ساخته می شود.

تفاوت دوم در این است که در واژه سازی عربی، بن واژه دستخوش تغییر می شود، به این معنا که میان حرف های اصلی آن، یک مصوّت بلند و یا یک حرف دیگر قرار می گیرد یا مصوّت های کوتاه روی حرف های آن تغییر می کنند و یا همه ی این تغییرات باهم رخ می دهند، مانند واژه ی "جامع" که پیشتر هم مطرح شد. همانطور که دیده می شود در این واژه میان حرف های "ج" و "م" که حرف های اصلی واژه ی "جمع" هستند مصوت بلند " ا " آورده شده است و سکون روی "م" هم به کسره تبدیل شده است که این کار وزن واژه ی "جمع" را تغییر می دهد. بنابراین چون در عربی واژه سازی با تغییر وزن بن واژه همراه است بر خلاف پارسی بن واژه حتماً دستخوش تغییر می گردد.

نکاتی درباره ی بن واژه ها در پارسی

همانطور که گفته شد بن واژه های دو حرفی کوچکترین جزء معنادار زبان پارسی هستند. معنای بن واژه عموماً معنایی کلّی است که با افزودن پسوند یا پیشوند خاص تر شده و تبدیل به واژه های مشتق تازه می شود ولی خط معنایی یا معنای کلّی بن واژه در همه ی واژه های مشتق شده از آن حفظ می شود.
باید دانست هر بن واژه را می توان در صورت اقتضای معنا یک بنِ مضارع نیز به حساب آورد و بن واژه ها خود به تنهایی قابلیت تبدیل شدن به فعل را دارند.

نکاتی درباره ی پیشوندها و پسوندها در پارسی

از آنجا که بن واژه در واژه سازی پارسی دست نخورده باقی می ماند، واژه سازی تنها از طریق افزودن حروفی به عنوان پیشوند یا پسوند به بن واژه صورت می گیرد. باید در نظر داشت که کاربرد و تنوع پسوند در پارسی بسیار بیشتر از پیشوند می باشد و از این رو در این کتاب بیشتر به آنها پرداخته شده است.
هر حرفی در پارسی به تنهایی می تواند یک پسوند باشد و بطور کلّی پسوندها می توانند تک حرفی، دو حرفی و یا مرکب از چند پسوند به هم پیوسته باشند.
قاعده ی چندان مشخصی برای آن که برای چه واژه ای از چه حرفی به عنوان پسوند استفاده می شود وجود ندارد اما حرف هایی گزیده می شوند که با معنای واژه ی ساخته شده و واژگان پارسی دیگر همخوانی بیشتری دارند.
توجه به این نکته ضروری است که هر حرف، بن واژه و یا واژه ای در پارسی می تواند به عنوان پسوند مورد استفاده قرار گیرد اما لزوماً پسوند ها در پارسی دارای معنای مستقل نیستند و در بسیاری از موارد تنها در کنار بن واژه ای که به آن چسبیده اند دارای هویت می شوند و تنها می توانند مفهومی را به معنای بن واژه بیفزایند.

پسوند های زیر در صورت افزوده شدن به بن واژه، مفهوم های زیر را به آن می افزایند:

س، اس، اوس، ایس :
نشان دهنده ی وجود تکرار زیاد مفهوم بن واژه در واژه ی ساخته شده است.
ز، از، اوز، ایز :
نمایانگر به تفصیل کشیدن و به درازا کشیدن مفهوم بن واژه در واژه ی ساخته شده است.
غ، اغ، اوغ، ایغ :
نمایانگر وجود حد نهایت مفهوم بن واژه در واژه ی ساخته شده است.
از آنجا که حرف "ق" یا "غ" در مقایسه با حرف های دیگر با انتهایی ترین قسمت از نواحی داخل دهان اجرا می شود در واژه سازی نیز به زیبایی، حد نهایت یک معنا را تداعی می کند.

راه شناسایی واژگان پارسی

همانطور که گفته شد هر بن واژه دارای معنای خاص خود می باشد و این معنا به طور کلی در تمام واژگان ساخته شده از آن بن واژه وجود دارد. باید توجه داشت که واژه های ساخته شده از یک بن واژه در پارسی می توانند به واقعیت ها و یا چیزهای کاملاً متفاوت اشاره کنند ولی همه ی آنها یک خط معنایی یگانه را دنبال می کنند و در ژرفای معنا به مفاهیم مشترکی اشاره می کنند. بنابراین اگر گروهی از واژگان را بیابیم که دارای بن واژه های دو حرفی مشترک هستند و در عین حال یک خط معنایی یگانه را نیز دنبال می کنند می توان با دقت خوبی گفت که آن بن واژه و واژگان ساخته شده از آن پارسی هستند. در بسیاری از موارد همان طور که گفته شد عرب ها یک واژه ی سه حرفی که خود مرکب از یک بن واژه و یک پسوند تک حرفی است را از پارسی گرفته و از آن طبق وزن های عربی واژگان مشتق تازه ساخته اند و بعداً این واژه های مشتق از عربی به پارسی راه یافته اند و به همین دلیل ما آن واژه را اساساً عربی می پنداریم. مانند واژه ی نظم که خود پارسی است اما به دلیل وجود مشتقات فراوان عربی از آن در پارسی مانند ناظم، منظوم، تنظیم، منظم و ... اساساً عربی پنداشته می شود.
باید توجه داشت که شیوه ی نگارش واژه ها از هیچ اهمیتی در تعیین پارسی یا عربی بودن آنها برخوردار نیست چرا که رسم الخط استفاده شده در پارسی همان رسم الخط عربی است و عرب ها هر واژه ی راه یافته به زبانشان را به شیوه ی دلخواه خویش و بدون توجه به اصل و ریشه ی آن نگاشته اند.

نمونه هایی از بن واژه ها و واژگان پارسی به همراه شرح آنها :

ابتدا بن واژه و معنای آن و سپس واژگان مشتق شده از آن به همراه شرح آنها آورده شده است.

- **آز**: آنچه به درازا و تفصیل کشیده می شود، ادامه دار

آز – آزاد – آزار- آذر – آزماییدن

آز
به معنای حرص است و به حسی گفته می شود که معمولاً حد و مرزی ندارد، به درازا کشیده می شود و ادامه دار است و انسان باید جایی آن را متوقف کند تا بتواند آسوده بزید.

آزاد = آز + اد
حالت و مفهومی است که به درازا کشیده می شود، ادامه دار است و حد و مرزی ندارد مگر آن که به جایی محدود شود.

آزار = آز + ار
آنچه به درازا کشیده می شود تا جایی که از حد و مرز مجاورت و همزیستی فراتر رفته و به حریم دیگری وارد می شود و باعث اذیت می شود.

آذر = آز + ر
به خاطر طبیعت آتش که از جایی به جای دیگر سرایت می کند و ادامه می یابد از این بن واژه استفاده شده است.

آزماییدن = آز + ما + ی (میانجی) + ید + ن
آزماییدن، یک امر زود گذر نیست بلکه فرآیندی است که به درازا کشیده می شود تا آن که اطمینان حاصل شود چیزی در درازای زمان درست کار خواهد کرد یا نه.

- **آس** : چیزی که روی چیز دیگر قرار می گیرد، روی هم و در مجاورت هم قرار گرفتن

آسمان – آسیاب – آستر – آستین – آستان – آستانه

آسمان = آس + مان
مانند واژگان "پیمان" و "سامان" با افزودن پسوند "مان" به بن واژه ساخته می
شود.
علت آن که آسمان از این بن واژه ساخته می شود آن است که آسمان در واقع
چیزی است که روی زمین گسترده شده و انگار روی زمین قرار گرفته است.

آسیاب = آس + ی + اب
آسیاب از سنگ هایی تشکیل شده است که روی هم قرار می گیرند و با گردش و
سایش روی یکدیگر گندم یا غلات دیگر را آرد می کنند پس همانطور که دیده می
شود معنای بن واژه را در خود دارد.

آستر = آس + ت + ر
درست مانند واژه ی "انگشتر" ساخته می شود و از نظر معنایی هم به پارچه ای
گفته می شود که روی یا زیر پارچه ای دیگر و یا لباس دوخته می شود و در
مجاورت آن قرار می گیرد.

آستین = آس + ت + ین
قسمتی از پیرهن که روی دست ها را فرا می گیرد.

آستان = آس + ت + ان
به مرز چیزهایی که روی هم و یا در مجاورت هم قرار گرفته اند اشاره دارد و
چون مرز ورودی هر چیز در واقع، در و دروازه ی آن محسوب می شود به
معنای درگاه به کار می رود.

آستانه = آس + ت + ان + ه
به مرز میان دو چیز که روی هم و در مجاورت هم قرار گرفته اند اشاره دارد.

- **آم** : گرد هم آمدن و گرد هم آوردن مجموعه ای از چیزها

آماییدن – آماریدن – آموزیدن - آمیزیدن

آماییدن = آم + ا + ید + ن
گردهم آوردن مجموعه ای از چیزها و فراهم کردن را گویند.

آماریدن = آم + ار + ید + ن

ابتدا واژه ی "آمار" ساخته می شود و سپس از آن فعل "آماریدن" ساخته می شود که به معنای گرد هم آوردن مجموعه ای از شاخص ها، اعداد و ارقام و یا به حساب آوردن است.

آموزیدن = آم + وز + ید + ن
گرد هم آوردن مجموعه ای از چیزها به منظور یادگیری را گویند و شکل کوتاه شده ی آن "آموختن" می باشد.

آمیزیدن = آم + یز + ید + ن
به درازا کشیدن گرد هم آمدن چیزها که باعث مخلوط شدن آنها با هم می شود و شکل کوتاه شده ی آن "آمیختن" است.

آو : معلق بودن، معلق کردن

آویختن - آوردن - آونگ – آوا – آواز – آوار – آواره

آویختن = **آویزیدن** = آو + یز + ید + ن
آویزیدن شکل اصلی فعل است و آویختن شکل مختصر شده ی آن است بنابراین هنگام تحلیل واژه، باید "آویزیدن" را در نظر گرفت.
درست مانند آمیز ابتدا با افزودن "یز" به آخر بن واژه "آویز" ساخته می شود که به معنای به درازا کشاندن معلق بودن است و سپس با افزودن "ید" و "ن" از آن فعل "آویزیدن" ساخته می شود که به معنای معلق کردن است.

آوردن = **آوریدن** = آو + ر + ید + ن
با افزودن پسوند یا حرف "ر" ابتدا آور ساخته می شود و سپس از آن فعل ساخته می شود و از نظر معنایی هم باید گفت هنگام آوردن چیزی آن چیز، جا و مکان مشخصی ندارد و مانند این است که معلق است پس در معنا با بن واژه مشترک است.

آونگ = آو + نگ
پسوند "اَنگ" به دارا بودن یک چیز یا مفهوم اشاره دارد پس "آونگ" در واقع به چیزی اطلاق می شود که معلق و آویزان است.

آوا = آو + ا
صدایی است که در فضا معلق و رها می شود.

آواز = آو + از
آوایی است که هنگام خواندن ترانه در فضا می پیچد و مانند آن است که در فضا معلق می شود.

آوار = آو + ار
قسمت های خراب شده ی یک ساختمان یا بنا را گویند که دیگر مانند قبل جا و مکان مشخصی ندارند و گویا معلق شده اند.

آواره = آو + ار + ه
کسی که سرگردان است و جا و مکان مشخصی ندارد پس مانند آن است که معلق شده است.

* **اِب** : پیشگامی، نخستی

ابدا ـ ابتدا ـ ابتکار ـ ابتلا ـ عبرت ـ ابراهیم

ابدا = اب + دا
از دو بن واژه ی "اب" و "دا" ساخته شده است. بن واژه ی "دا" همان گونه که شرح داده خواهد شد به معنای "داشتن" و "دارای چیزی بودن" است بنابراین "ابدا" به معنای "دارای پیشگامی بودن" می باشد که با معنای آن کاملاً سازگار است. این واژه به عربی رفته و عرب ها برای این که آن را با وزن "اِفعال" مطابقت دهند و از آن واژه سازی کنند به انتهای آن یک همزه افزوده اند.

ابتدا = اِب + ت + دا
باید توجه داشت که آغاز یک چیز، دقیقاً به معنای پیشگامی و نخستی نیست ولی به آن مربوط می شود بنابراین ابتدا حرف "ت" به بن واژه ی "اِب" افزوده می گردد و واژه ی "اِبت" که به معنای "آنچه مربوط به پیشگامی و نخست بودن" است ساخته می شود و سپس بن واژه ی "دا" به معنای "دارا بودن" به آن افزوده می شود و واژه ی "ابتدا" که به معنای "آنچه دارای پیشگامی است" از آن ساخته می شود که معنای آغاز را در خود دارد.

ابتکار = اب + ت + ک + ار
نخست مانند "ابتدا" با افزودن "ت" به بن واژه، واژه ی "اِبتِ" ساخته می شود و سپس با افزودن حرف "ک" معنا به " به واژه ی "ابت" نسبت داده می شود و در نهایت معنای واژه با افزودن پسوند "ار" (مانند واژگان "فشار" و "مهار") ویژه تر شده و واژه کامل می گردد بنابراین معنای "ابتکار"، "آنچه مربوط به پیشگام بودن

است" و یا " ایجاد چیزی برای نخستین بار" خواهد شد که به عبارت دیگر به همان معنای "نوآوری" است.

ابتلا = اب + ت + ل + ا
مانند واژگان "ابتدا" و "ابتکار" نخست واژه ی "ابت" ساخته می شود و با افزودن "ل" و "ا" مانند واژه ی "استیلا" معنا خاص تر می شود ولی همچنان در معنا به نوعی به پیشگامی اشاره می کند چرا که "ابتلا" در واقع به مرحله نخست و آغازین درگیر شدن چیزی اشاره دارد که معمولاً به واگیری و سرایت و مرحله ی ابتدایی و آغازین ورود بیماری به بدن و گرفتار شدن به آن اطلاق می شود. عرب ها این واژه را گرفته اند و برای آن که آن را با وزن "افتعال" عربی مطابقت دهند به انتهای آن یک همزه افزوده اند.

عبرت = اِب + ر + ت
آنچه دارای پیشگامی است که در واقع به معنای درسی که انسان برای نخستین بار از تجربه ای نو می آموزد می باشد.

ابراهیم = اب + ر + اه + یم
نخستین پیامبر است و کسی است که برای نخستین بار مردم را به یکتاپرستی فرا خواند.

- **اَت** : پیش رونده، متغیر

عطف ــ عطسه ــ اَتل ــ عطرــ ساعت ــ سرعت ــ صنعت ــ طبیعت

عطف = ات + ف
به معنای تغییر است و "نقطه ی عطف" نقطه ای است که در آن تغییری پیش رونده در روند چیزی رخ می دهد.

عطسه = ات + سه
درست مانند واژگان "پرسه" و "کیسه" ساخته می شود و از نظر معنایی هم باید گفت هنگام عطسه یک حس متغیر پیش رونده به انسان دست می دهد تا که آن نهایتاً عمل عطسه صورت می گیرد و به همین سبب از این بن واژه استفاده شده است.

اَتل = اَت + ل

فقط در شعر عامیانه ی "اتل متل" کاربرد دارد و به نظر به حرکت دست روی پاها اشاره دارد که پیشرونده است و از پایی به پای دیگر به پیش می رود تا آن که نهایتاً آن پایی که باید ورچیده شود مشخص شود.

عطر = ات + ر

به دلیل حالت پخش شدن عطر در فضا و پیش رونده بودن آن از این بن واژه استفاده شده است .

البته احتمال عربی بودن آن نیز کاملاً منتفی نیست.

ساعت = سا + ات

از دو بن واژه ی "سا" و "ات" تشکیل شده است. بن واژه ی "سا" همانطور که جلوتر شرح داده خواهد شد به معنای یکدست و همگون است پس "ساعت" به معنای "پیش رونده ی یکدست و همگون" خواهد بود که کاملاً با کارکرد ساعت سازگار است زیرا ساعت با یک آهنگ ثابت تغییر کرده و به پیش می رود و تند یا کند نمی شود.

سرعت = سُر + ات

از دو بن واژه ی "سُر" و "ات" تشکیل شده است. بن واژه ی "سُر" همانگونه که شرح داده خواهد شد به معنای "جابجایی" است پس معنای "سرعت"، "جابجایی متغیر با زمان" می شود که با معنای "سرعت" که جابجایی وابسته به زمان است هماهنگ است.

صنعت = سن + ات

از دو بن واژه ی "سَن" به معنای رجوع کردن و رجوع شدن و "ات" به معنای پیشرونده با زمان ساخته شده است بنابراین معنای آن می شود چیزی که با زمان پیشرفت می کند و در عین حال به آن رجوع می شود که دقیقاً با معنای واژه سازگار است چرا که صنعت پدیده ای است که با زمان پیشرفت می کند و از طرفی هم در همه کار نیاز به رجوع کردن به آن وجود دارد و کارها بدون صنعت لنگ می ماند.

البته احتمال عربی بودن آن نیز کاملاً منتفی نیست.

طبیعت = تب + ی + ات

از دو بن واژه ی "تب" و "ات" ساخته شده است که حرف "ی" در میان، آنها را به هم پیوند می دهد یعنی ابتدا از "تب" واژه ی "تبی" به معنای منسوب به "تب" یا "تبار" ساخته می شود و سپس بن واژه ی "ات" به آن افزوده می گردد.

بن واژه ی "تب" همان بن واژه ای است که واژگان "تبار" و "طبقه" از آن ساخته می شوند و به معنای تبار، طبقه و یا نسل است و بن واژه ی "ات" هم که همان معنای پیشرونده و متغیر با زمان را دارد بنابراین معنای "طبیعت"، "تبار و نسل متغیر و پیشرونده با زمان" می شود که دقیقاً با معنای انتظار داشته سازگار است چرا که در طبیعت نسل ها ی تازه یک به یک می آیند و جای نسل های قبل را می گیرند.

- **اَج** : شگفتی

عجب – عجیب – اَجَق وَجَق – اَجی مَجی

عجب = اَج + ب
واژه ای است که هنگام شگفتی بر زبان می آید.

عجیب = اَج + ایب
درست مانند واژگان "غریب" و "نشیب" از افزودن پسوند "ایب" به بن واژه ساخته می شود و معنای آن " شگفتی آور" است.

اَجَق وَجَق = اَج + ق + وَجَق
به معنای "خیلی عجیب و غریب" می باشد.
در این واژه ی مرکب واژه ی نخست دارای معنی است و از بن واژه ی "اَج" به همراه پسوند "ق" تشکیل شده است که معنای آن "بسیار عجیب" می باشد اما واژه ی دوم (وَجَق) به نظر بی معنی بوده و صرفاً جهت تاکید و همراهی آورده شده است.

اَجی مَجی = اَج + ی + مج + ی
کلامی است که هنگام شعبده بازی و یا کاری خارق العاده گفته می شود.
در این واژه ی مرکب واژه ی نخست از بن واژه ی "اَج" به همراه پسوند "ی" که پسوند نسبت هست تشکیل شده است که به معنای "عجیب" است و واژه ی دوم که "مجی" است از بن واژه ی "مَج" ساخته شده که به معنای "غیر واقعی" است و درباره ی آن بیشتر سخن گفته خواهد شد.

- **اِخ** : یگانه شدن با چیزی، مهار چیزی را در دست گرفتن

اِخت – اختیار

اِخْت = اِخ + ت
به صورت "اُخت شدن" در پارسی امروز به کار می رود که از بن واژه ی "اِخ"
است و تلفظ درست آن "اِخت شدن" می باشد که معنای "یگانه شدن" را می دهد.

اِختیار = اِخ + ت + ی + ار
با افزودن "ی" که بیان کننده ی نسبت است، معنا به "اِخت" یعنی "یگانگی" نسبت
داده می شود و سپس به آن پسوند "ار" افزوده می گردد و از نظر معنایی به
"یگانه بودن با چیزی و مهار آن را داشتن" اشاره می کند.
"اختیار" در واقع آن چیزی است که با شخص اِخت و یگانه است و اختیار کسی
را داشتن به معنای داشتن کنترل کسی و با او یگانه بودن می باشد.

*   **آد** : سر جای خود قرار دادن یا قرار گرفتن

ادب – عدل – اَداره – اَدامه

گاهی بن واژه ی "آد" به طور مجزا در گفتار روزمره کاربرد دارد مثلاً گاهی
گفته می شود "آد این اتفاق افتاد" یا "آد آن اتفاق افتاد"، این "آد" همین بن واژه
است که در جمله های گفته شده به معنای آن است که این یا آن اتفاق دقیقاً سر
جایی که باید، اتفاق افتاده است.

ادب = آد + ب
ادب در واقع به معنای رعایت شأن و جایگاه هر چیز و قرار دادن هر چیز سر
جای درست خود است پس معنای بن واژه را آشکارا در خود دارد.

عدل = آد + ل
عدل هنگامی محقق می شود که هر چیز سر جای درست خود قرار گیرد.
عدل واژه ای پارسی است ولی کلمه ی عادل یک ساختار عربی بر وزن فاعل از
این واژه پارسی است که در پارسی بسیار پر کاربرد است.

اداره = آد + ار + ه
اداره کردن در واقع به معنای گرداندن اوضاع به گونه ای است که هر چیز سر
جای خود قرار بگیرد پس معنای بن واژه را در خود دارد.

اَدامه = اد + ا + مه
درست مانند واژه ی "چکامه" ساخته می شود. نمونه های دیگری از پسوند "مه"
در واژگان لقمه (لُکمه) و دکمه نیز وجود دارد.

در "ادامه دادن" تکیه ی ما بر افزودن چیزی درست از سر جای خود به مطلب قبلی است یعنی درست از جایی که مطلب قبلی تمام شده است پس در واقع به قرار گرفتن چیزی سر جای خود اشاره می شود.

- اِر: حس غیرت و حمیّت

اِرق – اِرز- اِراده

ارق = اِر + ق
به معنای غیرت و حمیّت است و برای مثال "ارق ملی" به حس غیرتی که شخص به میهن خود دارد اطلاق می شود.

ارز= اِر + ز
به معنی آبرو است و به طرز نزدیکی با حس غیرت و حمیت ارتباط دارد زیرا کسی به آبرو اهمیت می دهد که دارای حس غیرت باشد.

اراده = اِر + اد + ه
حسی است که انسان را برای انجام کاری می انگیزد و تا در انسان حس غیرت و حمیت وجود نداشته باشد ایجاد نمی گردد.

- اُر : لخت، آشکار و مشخص

لخت و عور – عریان – عرف - عُرضه

لخت و عور = لخت + و + اُر
عور در "لخت و عور" در واقع همین بن واژه ی "اُر" است که به اقتضای تاکید در گفتار به این شکل تغییر کرده است.

عریان = اُر + ی + ان
به معنای لخت و برهنه است.

عُرف = اُر + ف
رفتارهایی که در میان مردم یک جامعه معلوم و مرسوم است و به صورت عریان، آشکار و مشخص دیده می شود.

عُرضه = عُر + زه

درست مانند "غمزه" ساخته می شود و از نظر معنایی هم اشاره دارد به اینکه عرضه ی یک شخص در واقع آن چیزی است که عریان است و از رفتار شخص کاملاً مشخص و آشکار است.

● **اَس** : ریشه، پایه

اصل – اساس – اثر – عصب

اصل = اَس + ل
به معنای ریشه و پایه است.

اساس = اَس + اس
پایه و اصل هر چیز را می گویند.

اثر = اَس + ر
آنچه ریشه ای و مهم است.

عصب = اَس + ب
بخشی از بدن که بسیار مهم و اساسی است و دروازه ی انتقال پیام های شیمیایی در بدن است.

● **اِس** : ایستایی، ایستادگی و پایداری

اِستادن – اصرار – استیلا – استقامت – استراحت – اصطکاک

اِستادن = اِس + ت + اد + ن
شکل درست و اصلی ایستادن است که همان معنای بن واژه را در خود دارد.

اصرار = اِس + ر + ار
به معنای ایستادگی و پافشاری کردن روی چیزی خاص می باشد و همان معنای ایستایی و ایستادگی را در خود دارد.

استیلا = اِس + ت + یل + ا
به معنای چیرگی و غلبه است و در واقع به ایستایی و ماندگاری ای که چیرگی و غلبه با خود به همراه می آورد اشاره دارد.

همین واژه ی پارسی است که وارد زبان عربی شده است و عرب ها برای
مطابقت دادن آن با وزن های عربی به آخر آن همزه افزوده اند.

استقامت = اِس + ت + ق + ام + ت
نهایت ایستادگی و پایداری را گویند. ابتدا با افزودن "ت" وابستگی به مفهوم
ایستایی نشان داده می شود و سپس با "ق" بر حد نهایت آن تاکید می شود و سپس
مانند واژه ی "پیام" به آن پسوند "ام" افزوده می شود و پس از آن با افزودن حرف
"ت" واژه کامل می شود.

استراحت = اِس + ت + ر + اه + ت
ابتدا مانند واژگان "استیلا" و "استقامت" پسوند "ت" به بن واژه افزوده می شود و
سپس مانند واژه ی "آستر" پسوند "ر" به آن افزوده می شود و بعد مانند واژه های
"کوتاه" و "سیاه" به آن پسوند "اه" افزوده می شود و در نهایت با افزودن "ت"
واژه کامل می شود.
در باره ی خط معنایی هم می توان گفت که استراحت به صراحت به ایستایی و در
یک جا ماندن اشاره دارد و از این رو از این بن واژه ساخته شده است.

اصطکاک = اِس + ت + ک + اک
نیرویی که در برابر حرکت، پایداری و ایستادگی می کند و گرایش دارد حرکت را
متوقف کند و بایستاند.

• **اُس** : استحکام

**اُست ــ استوار ــ استوانه ــ اُسوه ــ اُسطوره ــ استاد ــ استان ــ استخوان ــ
عصاره**

اُست = اُس + ت
به معنای استحکام است و برای مثال در ترکیب "اُست و اساس" کاربرد دارد.

اُستوار = اُس + ت + وار
با افزودن پسوند "وار" از "اُست" صفت "اُستوار" ساخته می شود که به معنای
مستحکم است.

استوانه = اس + ت + وان + ه
شکلی هندسی است که مانند ستون استوار است.

اُسوه = اُس + وه
به آن کس که نماد استحکام است اطلاق می شود و مانند "شیوه" و "جلوه" ساخته
می شود.

اسطوره = اُس + ت + ور + ه
آن کس که نماد ایستادگی و استحکام است.

اُستاد = اُس + ت + اد
آن کس که در دانش خود دارای استحکام بسیار است.

اُستان = اُس + ت + ان
پسوند "ان" پسوند مکان است بنابراین "اُستان" یعنی "مکان و جایگاه دارای
استحکام" و از آنجا که استان طبق تقسیمات کشوری تعیین می شود این نام بر آن
نهاده شده است.

استخوان = اُس + ت + خ + وان
به معنای چیزی است که سبب استحکام و استواری است.

عُصاره = اُس + ار + ه
شیره و آنچه مایه ی استحکام و ماندگاری است و مانند "اشاره" ساخته می شود.

* اِش : تمایل و گرایش

عشق – اشتیاق – اشتها – اشاره – عشوه

عشق = اِش + ق
به معنای حد نهایت تمایل و گرایش است.
از آنجا که حرف "غ" یا "ق" (مهم صدا هست و نحوه ی نگارش فرقی ایجاد نمی
کند) با انتهایی ترین قسمت از نواحی داخل دهان اجرا می شود زمانی از آن
استفاده می شود که به حد نهایت یک مفهوم اشاره می شود درست مانند "عشق"
که به نهایت علاقه اشاره دارد.

اشتیاق = اِش + ت + ای + آق
حسی است که گرایش و تمایل به چیزی در انسان می انگیزد.

اشتیاق در واقع مانند "عشق" خود گرایش و علاقه نیست بلکه حسی است که به گرایش و علاقه وابسته و مربوط است به همین سبب در هنگام ساختن واژه، ابتدا به آن حرف های "ت" و "ی" افزوده می شود تا نشان داده شود که دقیقاً واژه هم معنای خود بن واژه ی "اِش" نیست بلکه حسی است که به آن مربوط می شود بنابراین ابتدا واژه ی "اِشتی" از بن واژه ساخته می شود و سپس پسوند "اق" که بیانگر حد نهایت آن حس است به آن افزوده می گردد پس به طور خلاصه معنای اشتیاق خواهد شد :"حد نهایت حسی که علاقه به چیزی در انسان می انگیزد". باید افزود که همین واژه است که به عربی رفته و عرب ها برای مطابقت آن با وزن "اِفتِعال" آن را به صورت "اشتواق" در نظر گرفته اند و از آن سه حرف "ش"، "و" و "ق" را به عنوان حروف اصلی استخراج کرده اند و واژه ی "شوق" را ساخته اند.

اشتها = اِش + ت + ه + ا
حسی است که علاقه و گرایش به چیزی به ویژه غذا در انسان می انگیزد.
همانطور که در باره ی واژه ی "اشتیاق" گفته شد "اشتها" هم دقیقاً همان گرایش و تمایل نیست بلکه حسی است که به آن مربوط است و می توان گفت نوع خاصی از آن است پس به همین روی هنگام واژه سازی ابتدا حرفهای "ت" و "ه" به بن واژه افزوده می گردد و از آن واژه ی "اشته" ساخته می شود تا بیانگر مربوط بودن معنا به گرایش و تمایل و بیانگر نوع خاصی از آن باشد و در آخر با افزودن پسوند "ا" واژه کامل می شود.

اشاره = اِش + آر + ه
به معنای لشان دادن چیزی با انگشت یا از طریق های دیگر است.
باید گفت هنگامی که کسی به چیزی اشاره می کند در واقع به شیوه ای، گرایش خود به آن چیز را آشکار می کند و از این رو "اشاره" به نوعی نشان دهنده ی گرایش و تمایل است و از نظر واژه سازی نیز درست مانند واژه ی "آواره" و "آداره" ساخته می شود یعنی ابتدا پسوند "ار" (که پسوند بسیار پر کاربردی هست) به بن واژه افزوده می شود و سپس با افزودن "ه" واژه کامل می شود.

عشوه = اِش + وه
به نظر می رسد از آنجا که عشوه به کرشمه و حالتی اطلاق می شود که بیانگر نوعی گرایش و تمایل است از این بن واژه ساخته شده است.
از نظر واژه سازی درست مانند واژگان "قلوه" و "شیوه" با افزودن "وه" به بن واژه ساخته می شود.

● اُف : فرو رفتن، پایین رفتن

أُفت – أُفول – افق

أُفت = أُف + ت
به معنای فرو رفتن، پایین رفتن و نزول کردن است و مصدر فعل "افتادن" از آن با افزودن "اد" و سپس "ن" ساخته می شود که به همان معنای فرو رفتن و فرو رفتن یکباره است.

أُفول = أُف + ول
أُفول هم به معنای "افت کردن" و فرو رفتن و نزول تدریجی و پیوسته است و از دیدگاه واژه سازی نیز مانند واژه ی "قبول" ساخته می شود.

أُفق = أُف + ق
از پسوند "ق" استفاده شده است که حد نهایت یک مفهوم را نشان می دهد و می توان گفت که "خط افق" نهایت فرو افتادگی یک خط در عالم واقع است.

● اِق : شرایط و وضعیت

اقلیم – اقتدا – اقتضا – اقتصاد

اقلیم = اِق + ل + یم
به معنای شرایط و وضعیت آب و هوایی و سرزمینی است.
به عنوان نمونه از کاربرد پسوند "یم" در آخر واژه می توان به واژگان "ترمیم"، "گلیم" و "ابراهیم" اشاره کرد.

اقتدا = اِق + ت + دا
بن واژه ی "دا" به معنی "داشتن و دارا بودن" است پس اقتدا به معنای " نگه داشتن شرایط و وضعیت خاص" می شود و مثلاً به "کسی اقتدا کردن" به معنای "شرایط و وضعیت او را به خود گرفتن" است.
از نظر واژه سازی درست مانند واژه ی "ابتدا" ساخته می شود.

اقتضا = اق + ت + زا
ابتدا واژه ی "اقت" از بن واژه ی "اق" ایجاد می شود و سپس به آن بن واژه ی "زا" افزوده می گردد و معنای آن " زاییده ی شرایط" می شود که به همان معنای "ایجاب کردن شرایط" است.
می توان جور دیگر نیز این واژه را تعبیر کرد. به جای آن که "زا" را یک بن واژه ی جدا در نظر گرفت می توان به صورت زیر این واژه را تجزیه کرد:

اقتضا = اِق + ت + ز + ا
که در این صورت معنی آن می شود: " به درازا کشیدن شرایط و وضعیت"، ولی شکل اول از نظر معنایی سازگارتر است.

اقتصاد = اِق + ت + ساد
"ساد" مانند "سا" به معنای همگونی است، پس اقتصاد به معنای "همگونی با شرایط" است که با معنای اقتصاد نیز بسیار سازگار است چرا که اقتصادِ یک شخص یا خانواده با شرایط مختلف تغییر می کند و انسان ناچار است خود را با آن همگون کند.

• **اَل** : نشانه

علامت ــ علم ــ النگو ــ النگ و دولنگ

علامت = اَل + ام + ت
به معنای نشانه است و دقیقاً مانند واژه ی "سلامت" ساخته می شود.

عَلم = اَل + م
علامتی که پیشاپیش هیئت های عزاداری در ماه محرّم برافراشته می شود که در واقع نشانه ی دسته است.

النگو = اَل + نگ + و
آنچه به عنوان نشانه ای زینتی عموماً زنان می آویزند.

اَلنگ و دولنگ = ال + نگ + دولنگ
النگ به معنای علامت و نشانه است ولی دولنگ به نظر واژه ای بی معنی است که فقط برای همراهی و تاکید بر بخش نخست آورده شده است.

• **اَن** : خرد خرد جمع شدن و جمع کردن

انباشتن ــ اندوختن - اندودن ــ انجامیدن ــ انگبین ــ انبان ــ انجمن

انباشتن = انباریدن = اَن + ب + ار+ بد + ن
همانطور که گفته شد شکل اصلی هر فعل بن مضارع آن است که در اینجا "انبار" است و مصدر آن "انباریدن" است و "انباشتن" شکل مختصر شده ی آن است. انبار و انباشتن هر دو دقیقاً معنای بن واژه را دارند.

اندوختن = اندوزیدن = ان + د + وز + ید + ن
به معنای خرده خرده جمع کردن است.
ابتدا حرف "د" به بن واژه افزوده می شود و "اند" ساخته می شود و در ادامه
مانند واژه ی "آموز" و "بروز" به آن پسوند "وز" افزوده می شود و سپس از آن
فعل ساخته می شود.

اندودن = انداییدن = أن + د + ای + ید + ن
"انداییدن" شکل اصلی فعل است و معنای آن "روی کار انباشتن ملات در
ساختمان سازی" است.

انجامیدن = أن + ج + ام + ید + ن
خرد خرد جمع شدن چیزها در یکجا که مجازاً به معنی ختم شدن چیزی یا پایان
کار می شود.

انگبین = ان + گ + ب + ین
به معنای عسل است و از کار مداوم زنبورهای کارگر، خرد خرد در کندو جمع
می شود.

انبان = أن + ب + ان
به محل انباشتن و کیسه گفته می شود.

انجمن = ان + ج + من
گروهی که دور هم جمع شوند.

- **إن** : دور، دوری

انکار – انتها – انزوا – انتظار

انکار = إن + ک + ار
به معنای آنچه مربوط به دوری است و در واقع معنای آن ابراز دوری و دوری
جستن از چیزی است.

انتها = إن + ت + ه + ا
به معنای آخر یک چیز است که در دور دست قرار دارد.

باید توجه داشت که "انتها" دقیقاً به معنای دوری و در دوردست قرار داشتن نیست اما به آن مربوط می شود بنابراین با افزودن "ت" و "ه" به بن واژه و ساختن "انته" این وابستگی نشان داده می شود و در نهایت واژه با یک "ا" کامل می شود. از نظر ساختاری درست مانند واژه ی "اشتها" ساخته می شود.

انزوا = اِن + ز + وا

انزوا دقیقاً به خود دوری اشاره دارد و از همین رو بلافاصله پس از بن واژه ی "اِن" حرف "ز" افزوده می شود که به، به درازا کشیدن دوری اشاره می کند و در آخر به واژه پسوند "وا" افزوده می شود مانند واژگان "رسوا"، "پیشوا" و "نانوا". بنابراین "انزوا" به معنای دوری گزیدن از جمع برای مدت طولانی است.

انتظار = اِن + ت + ز + ار

انتظار به معنای حسی است که دوری از کسی در انسان می انگیزد پس دقیقاً به معنای دوری نیست ولی به آن مربوط است بنابراین ابتدا حرف "ت" به بن واژه افزوده می شود و واژه ی "اِنت" ساخته می شود که در واقع به همان حسی که دوری در انسان ایجاد می کند اشاره دارد سپس با افزودن حرف "ز" بر به درازا کشیده شدن آن حس اشاره می شود و بعد واژه با پسوند "ار" کامل می شود.
بطور خلاصه معنای انتظار می شود: "به درازا کشیدن حسی که دوری در انسان می انگیزد" که به زیبایی بیانگر مفهوم "انتظار" است.

- **اِه** : ممکن بودن، امکان داشتن

احیاناً – احتمال – احتیاط

احیاناً = اِه + ی + ان + ن

احیاناً یک واژه و قید پارسی است و پسوند "ن" انتهای آن نیز می تواند همان قید ساز "ان" پارسی باشد که کوتاه شده است یعنی ابتدا "احیانان" بوده و بعد برای کوتاهی به "احیانان" تبدیل شده است (پسوند "ن" در برخی واژگان پارسی که حالت قیدی دارند مانند "خشن" نیز وجود دارد) البته ممکن است یک ساختار قیدی عربی از واژه ی پارسی "اِحیان" نیز باشد ولی خود واژه ی "احیان" قطعاً پارسی است و شیوه ی ساخت آن نیز دقیقاً مانند واژه ی "عُریان" است.
احیاناً به معنای ممکن بودن و احتمال داشتن است.

احتمال = اِه + ت + م + ال

نخست "اِحت" درست می شود و بعد با افزودن "م"، "احتم" ساخته می شود و سپس به آن پسوند "ال" افزوده می گردد. پسوند "ال" در واژگان دیگری نظیر "روال" و "پوشال" نیز کاربرد دارد.

احتمال هم باز همان معنای بن واژه را در خود دارد و به معنای امکان داشتن است.

احتیاط = اه + ت + ی + ات

مانند واژه ی "اشتیاق" به بن واژه حرف های "ت" و "ی" افزوده می شود ولی در انتها به جای پسوند "اق" مانند واژگان "ملات" و "فلات" به آن پسوند "ات" افزوده می شود.

در عمل احتیاط کردن در واقع همه ی امکان ها به ویژه امکان های بد در نظر گرفته می شود تا خطا و مشکلی پیش نیاید بنابراین "احتیاط" ممکن است دقیقا به معنای امکان داشتن نباشد ولی مربوط و وابسته به آن است بنابراین به بن واژه ی "اِه" پسوندهای "ت" و "ی" افزوده می شود و واژه ی "احتی" به معنای "منسوب به حسی که و وابسته به امکان داشتن است" ساخته می شود و سپس با یک پسوند "ات" واژه کامل می شود که به همان معنای دقت کردن به همه ی ممکنات در انجام کارها است.

• **ای** : حفاظت شدن، حفاظت کردن

ایمان – ایمن – ایثار - ایزد – ایران – عیسی

ایمان = ای + مان

به معنای آن چیزی است که انسان را حفظ و حفاظت می کند و مانند واژگان "پیمان"، "سامان" و "سلمان" از افزودن پسوند "مان" به بن واژه ساخته می شود. پسوند "مان" را می توان به معنای "ماندگار" و "مجموعه ای مانا" دانست.

ایمن = ای + من

ایمن درست مانند "هومن" و "بهمن" از افزودن پسوند "من" به بن واژه ساخته می شود و به معنای حفاظت شده می باشد.

ایزد = ای + ز + د

از آنجا که پسوند "ز" استفاده شده است معنای به درازا کشیدن و ادامه دار بودن مفهوم بن واژه مورد نظر است پس معنی آن، "همواره حفاظت شده" می شود که به معنای "جاودانه" است.

ایران = ای + ر + ان
پسوند "ان" پسوند مکان است پس معنی ایران می شود : "سرزمین حفاظت شده و جاودانه".

عیسی = ای + سا
"سا" به معنای مانند و همگون می باشد. بنابراین عیسی به معنای "همسان با حفاظت شدگان" است که در واقع به معنای "حفاظت شده و جاودانه" می باشد.

● **بَخ** : آنچه به چیزی بچسبد

بخت – بختک – بخش – بخیه – بخیل

بخت = بخ + ت
در گذشته باور داشتند بخت انسان از ابتدای تولد به او می چسبد و تا روز مرگ با انسان همراه است.

بختک = بخ + ت + ک
مطابق باورهای خرافی موجودی است که به انسان می چسبد او را آزار می دهد و رهایش نمی کند.

بخش = بخ + ش
قسمت چسبنده و جدایی ناپذیر از هر چیز را گویند.

بخیه = بَخ + یه یا بَخ + ی + ه
آنچه دو قسمت جدا شده را به هم می چسباند.
مانند واژگان "بقیه" و "تقیه" با افزودن "یه" به بن واژه ساخته می شود.

بَخیل = بخ + یل
کسی که حالت چسبندگی به پول دارد که به معنای امساک در خرج کردن و خسّت را تداعی می کند. البته احتمال عربی بودن آن هم وجود دارد.

● **بُر** : بُرون و خارج از چیزی

بریدن – بُرون – بروز – بُراق

بریدن = بُر + ید + ن
به معنای "بُرونی کردن" و "جدا کردن " است. از آنجا که وقتی قسمتی از چیزی
بریده می شود به معنای آن است آن قسمت، دیگر جزئی از آن چیز محسوب نمی
شود و در واقع بُرونی می شود، از این بن واژه برای ساختن آن استفاده شده است.
با افزودن پسوند "اید" بن واژه از بن مضارع (زمان حال) به فعل ماضی تغییر
می کند و سپس با افزودن پسوند "ن"، تبدیل به مصدر می شود و برای ساختن
واژه های بیشتر مانند "برش"، "بریدگی"، "برنده"، "بران" و "بریده" آماد می
شود.

بُرون = بُر + ون
همان معنی بن واژه را می دهد و مانند "درون" و "کانون" ساخته می شود.

بُروز = بُر+ وز
به نمایان کردن حالتی در بیرون و ظاهر اشاره دارد و در واقع به برون ریختن
حس و حالت درونی گفته می شود که معنای بن واژه را به صورت پر رنگی در
خود دارد و از نظر ساخت نیز مانند "آموز"، "پیروز" و "اندوز" با افزودن "وز"
به آخر واژه ساخته می شود.

بُراق = بُر+ اق
وقتی کسی یا حیوانی نهایت حس خود به چیزی برون از خود را در بیرون و
ظاهر آشکار می کند که این کار معمولاً نشانه ی خشم یا آمادگی برای حمله است.
مانند واژه ی "سیاق" ساخته می شود.

• بَس : گسترده

بَس – بَسط – بَسیج – بَستر

بس
در محاوره مجازاً معنای کافی را به خود گرفته است.

بسط = بس + ت
به معنای گستردن و گسترش دادن است.

بسیج = بس + یج
به معنای گسترده کردن و آماده کردن است و از آن فعل "بسیجیدن" وجود دارد.

بستر = بس + ت + ر
سطحی که زیر چیزی گسترده می شود.

- **بَق** : ادامه، امتداد

بقا – بقیه – بغل

بقا = بَق + ا
به معنای ادامه ی زندگی است و مانند "وفا" ساخت می شود.

بقیه = بَق + یه یا بَق + ی + ه
ادامه و باقیمانده ی چیزی را گویند و از نظر ساختار مانند واژه ی "بخیه" است.

بغل = بق + ل
به پهلو و امتداد هر چیز از کناره ها گفته می شود.

- **بُل** : بالا

بُلا (بالا) – بلند – بلوغ

این بن واژه به صورت مجزا در پارسی کاربرد دارد مثلاً در بازی وسطی وقتی که کسی توپ را در هوا می گیرد می گویند "بُل" گرفته است.

بُلا = بُل + ا
اصل واژه "بُلا" است ولی در طول زمان به علت راحتی گفتار به بالا تبدیل شده است.

بلند = بل + ند
جایی که بر فراز است و در بالا قرار دارد و از نظر ساختار مانند "روند" و "پسند" ساخته می شود.

بلوغ = بُل + اوغ
به نهایت بالارفتن، بلندی و نهایت رشد یافتگی گفته می شود و مانند "فروغ" ساخته می شود.

- **بُن** : ریشه، پایه

بنیه – بنیان – بنیاد – بنگاه – بنشن

بنیه = بن + یه
به معنای "آنچه ریشه ای و پایه ای است" می باشد که به طور کلی به "نیرو و توان" اطلاق می شود و مانند واژگان "بقیه" و "تقیه" ساخته می شود.

بنیان = بن + ی + ان
مانند واژه ی "عریان" ساخته می شود و به معنای ریشه و پایه می باشد.

بنیاد = بن + ی + اد
به معنای ریشه و پایه می باشد.

بنگاه = بن + گاه
پسوند "گاه" به معنی جا و مکان است پس "بنگاه" به معنای محل بود و باش و نهاد و موسسه است.

بنشن = بن + شن
به معنای حبوبات است که نقش پایه ای در تغذیه دارند. پسوند "شن" در واژگان دیگری چون "گلشن" هم کاربرد دارد.

- **بُه** : آشفتگی

بحران – بهبهه – بهت

بحران = بُه + ر + ان
آشوب و آشفتگی را گویند.

بُهبُهه = بُه + بُه + ه
شرایط بسیار آشفته را گویند و از نظر ساختاری مانند واژه ی "سُرسُره" ساخته می شود.

بُهت = بُه + ت
حالت آشفتگی، سرگشتگی و مات زدگی را گویند.

- **پَخ** : پخش، تخت

پخ – پخش - پخمه

پَخ
این بن واژه به طور مستقل کاربرد دارد مثلاً گفته می شود که نوک میخ پَخ شده است به این معناست که نوک میخ، تخت و صاف و پخش شده است.

پخش = پَخ + ش
آنچه از حالت متمرکز بیرون می آید و پراکنده می شود.

پخمه = پَخ + مه
به کسی اطلاق می شود که گُند و کند ذهن است مخالف تند و تیز. معنای بن واژه ی "پَخ" نیز مخالف تیز است.
از نظر ساختاری با افزودن "مه" به بن واژه مانند "لقمه" و "دکمه" ساخته می شود.

- **پَر** : دور و اطراف، جانب

پَر- پرواز - پریدن - پرستیدن – پردازیدن – پراکندن – پرتابیدن – پرهیزیدن – پریشیدن – پروردن

پَر
از آنجا که پر، تمام دور و اطراف بدن پرندگان را در بر می گیرد از این بن واژه برای آن استفاده شده است.

پرواز = پر + و + از
از آنجا که پر روی بال های پرنده را می پوشاند و در پرواز نقشی اساسی دارد از این بن واژه استفاده شده است. "پر" گاهی به معنای خود بال هم به کار می رود.

پریدن = پر + ید + ن
از آنجا پر، بال های پرنده را می پوشاند و به معنای خود بال نیز به کار می رود و بنابراین در پریدن نقش اساسی را دارد از آن در ساختن این واژه استفاده شده است.

پرستیدن = پَر + س + ت + ید + ن

در قدیم هنگام پرستیدن کارهای جانبی بسیاری نظیر تمیز کردن محل پرستش، خوشبو کردن محل و بسیاری از مراسم و آداب و رسوم دیگر انجام می شد و به همین علت از بن واژه ی "پر" و پسوند "س" پس از آن استفاده شده است که به معنای "تکرار کارهای جانبی" است.

پردازیدن = پر + د + از + ید + ن
به معنای "انجام کارهای جانبی مربوط به چیزی است" که در واقع معنای وقت گذاشتن برای آن چیز را در خود دارد بنابراین به کاری پرداختن به معنای وقت گذاشتن برای آن کار و مشغول شدن به آن می باشد. همین طور باید گفت هنگامی که چیزی پرداخت یا پردازش می شود به معنای آن است که آن چیز ساخته شده است و حال کارهای جانبی روی آن انجام می گیرد مثلاً در مجسمه سازی، زمانی که مجسمه ساخته می شود آن را صیقل می دهند و این صیقل دادن کاری جانبی است که پرداخت یا پردازش نام دارد. شکل کوتاه شده ی آن نیز پرداختن است.

پراکندن = پر + اک + ن + د + ن
به معنای به دور و اطراف پخش کردن است و آشکارا به معنای بن واژه اشاره دارد.

پرتابیدن = پر + ت + اب + ید + ن
ابتدا با افزودن "ت" واژه ی "پرت" به معنای دور و اطراف و منحرف از مسیر اصلی ساخته می شود که البته معنای انداختن را نیز به خود گرفته است و سپس از آن فعل سازی می شود و فعل "پرتابیدن" که به معنای "به اطراف انداختن" است ساخته می شود.

پرهیزیدن = پر + ه + یز + ید + ن
ابتدا با افزودن "ه" واژه ی "پره" به معنای "کناره" ساخته می شود و سپس به آن پسوند "یز" افزوده می شود و "پرهیز" ساخته می شود که به معنای "به درازا کشیدن در کناره بودن" است و بعد از آن فعلی ساخته می شود که به معنای "کناره گرفتن و دوری کردن" است.

پریشیدن = پر + یش + ید + ن
ابتدا با افزودن "یش" واژه ی "پریش" به معنای "به دور و اطراف ریخته و پراکنده" ساخته می شود که معنایش در واقع همان "آشفته" است و سپس از آن فعل سازی می گردد و نهایتاً فعل "پریشیدن" ساخته می شود که به معنای "آشفتن" است.

پروردن = پر + ور + د + ن
به معنای "انجام کارهای جانبی مربوط به کسی یا چیزی" است که در واقع معنای
وقت گذاشتن برای کسی و چیزی و بار آوردن آن را در خود دارد.

● **پو** : پوسته و غشا، آنچه درونش تهی است

پوست – پوف – پوک – پوچ – پوش – پوز – پول - پوسیدن

پوست = پو + س + ت
به پوشش طبیعی بدن گویند که بدن را فرا گرفته است.

پوف = پو + ف

پوف یا پُف به چیزی می گویند که فقط پوسته است و درونش خالی است و از هوا
پر شده است.

پوک = پو + ک
به چیزی می گویند که میان نهی است و فقط پوسته دارد و فعل "پوکیدن" از آن
وجود دارد.

پوچ = پو + چ
به چیزی اطلاق می شود که درونش تهی است.

پوش = پو + ش
به پوسته ای که چیزی را در بر می گیرد و خودش میان تهی است گفته می شود.
فعل "پوشیدن" از آن وجود دارد.

پوز = پو + ز
پوز به چیزهای مختلفی اشاره می کند ولی همه ی آنها در معنای میان تهی بودن
که معنای بن واژه است اشتراک دارند.
به طور کلی به دهان اطلاق می شود چرا که درونش خالی است و به ویژه پوز یا
پوزه به دهان حیواناتی مانند سگ اطلاق می شود چرا که سگ دهان ظاهراً
برجسته و درازی دارد ولی در واقع میان تهی است.
در ترکیب "پوز دادن" و یا همان "پُز دادن" در واقع به کاری اشاره دارد که فقط
ظاهری و تو خالی است.

پوز در "پوزش خواستن" باز به امری ظاهری و توخالی اشاره دارد چرا که هنگام عذر خواهی در واقع کاری عملی برای اصلاح اشتباه انجام نمی گیرد و فقط به گفتاری ظاهری و توخالی بسنده می شود.

پول = پو + ل
از آنجا که پول تنها تکه ای کاغذ و یا فلز بی ارزش است و هیچ ارزش ذاتی ندارد از این بن واژه برای ساخت آن استفاده شده است. همانطور که دانسته است ارزش پول تنها به علت قرارداد اجتماعی ای هست که میان مردم و دولت وجود دارد اما پیش از پیدایش پول، کالا با کالا مبادله می شد و هر کالا در ذات خود دارای کاربردی بود و ارزش ذاتی داشت و به همین دلیل پس از پیدایش پول مردم نام پول که به معنای چیز تو خالی و فاقد ارزش ذاتی است را به پول دادند.

پوسیدن = پو + س + ید + ن
به معنای از درون تهی شدن و از بین رفتن است.

• **پِی** : دنبال، دنباله، پا

پیام – پیاده – پیک – پیدا – پیمان – پیماییدن

پیام = پِی + ام
به مجموعه گفته هایی اطلاق می شود که دارای دنباله هستند یعنی در واقع به دنبال هدف و منظور خاصی بیان می شوند.

پیاده = پِی + اد + ه
آن کس که با پای خویش راهی را می پیماید و مقابل سواره قرار می گیرد.

پیک = پِی + ک
آن کس که دنبال کس دیگر فرستاده می شود برای آن که پیامی را به او برساند.

پیدا = پِی + دا
مانند واژگان " شیدا" و "ابدا" ساخته می شود و از دو بن واژه تشکیل شده است که در آن بن واژه ی "دا" به معنای "دارا بودن" است پس معنی واژه ی "پیدا"، "داشتن دنباله" است که مجازاً به معنای "نمایان" می شود زیرا آنچه دنباله دارد در واقع نمایان است و قابل نهفتن نیست.

پیمان = پِی + مان

از آنجا که "پیمان" از نظر معنایی پدیده ای ادامه دار و دارای دنباله است از این بن واژه در ساخت آن استفاده شده است.

"مان" پسوند اسم ساز است و به معنای مجموعه ی منسجم و ماندگار است و در بسیاری واژه ها مانند "ساختمان" و "سازمان" کاربرد دارد.

پیماییدن = پی + ما + ی + ید + ن

به دنبال کردن و طی کردن مسیر گفته می شود.

- **پی** : دور، محیط

پیه – پیش - پیچیدن - پیر - پینه - پیله - پیرامون – پیرهن – پیاله – پیاز – پیراستن

پیه = پی + ه

به معنای چربی است و چون چربی دور گوشت موجود زنده تجمع کرده و محیط او را فرا می گیرد از این بن واژه برای ساختن واژه ی آن استفاده شده است.

پیش = پی + ش

به معنای پیرامون و نزد است. البته مثلاً در ترکیب "پیش و پس" معنای "جلو" را نیز به خود گرفته است.

پیچیدن = پی + چ + ید + ن

محیط چیزی را دنبال کردن و یا دور چیزی را فرا گرفتن مانند پیچک که محیط ستون را دنبال می کند و دور آن را فرا می گیرد و در بسیاری از موارد به حرکت دایره ای شکل اشاره دارد.

پیر = پی + ر

از آنجا که انسان در پیری به واسطه ی تجربه تقریباً بر همه چیز محیط می شود و آنها را در بر می گیرد از این بن واژه استفاده شده است.

پینه = پی + نه

پینه در واقع پوستی است که در اثر سایش و تماس سفت شده باشد و به نظر می رسد به علت آن که دور و محیط قسمتی از گوشت را فرا می گیرد از این بن واژه ساخته شده است.

از نظر پسوند به کار رفته نیز مانند واژگان "گرسنه"، "تشنه" و "سینه" است.

پیله = پی + له
آنچه کرم پیش از پروانه شدن دور خود و در محیط خود می تند و از نظر ساختار
مانند واژگان "شیله" و "چیله" است.

پیرامون = پی + ر + ام + ون
معنی : محیط
ابتدا واژه ی "پیرام" ساخته می شود و بعد همچون واژه های "درون" و "برون" با
افزودن پسوند "اون"، "پیرامون" ساخته می شود.

پیرهن = پی + ر + ه + ن
پوششی که پیرامون و محیط تن انسان را فرا می گیرد.

پیاله = پی + ال + ه
به معنای ظرف است که محیط و پیرامون خوراکی و یا نوشیدنی را در بر می
گیرد.

پیاز = پی + از
از آنجا که پیاز از پوسته های تو در تو که دور و محیط یکدیگر را در بر گرفته
اند تشکیل شده است از این بن واژه برای ساخت آن استفاده شده است. پسوند "از"
هم همانطور که قبلاً گفته شد نشان دهنده ه ی به تفصیل کشیدن یک معنا است و در
اینجا به معنای ادامه دار بودن این پوسته های تو در تو است که دور تا دور
یکدیگر را فرا گرفته اند و این توصیف همان گونه که دیده می شود بسیار
توصیف دقیقی از ماهیت "پیاز" می باشد.

پیراستن = پیراییدن = پی + ر + ا + ی + ی (میانجی) + ید +ن
شکل اصلی فعل "پیراییدن" است و به این واقعیت اشاره دارد که هنگام پیراستن
یک چیز، با اصل آن کاری ندارند و فقط به محیط و پیرامون آن پرداخته می شود.
می توان گفت به معنای اصلاح دور و پیرامون هر چیز می باشد و مجازاً معنای
اصلاح موی سر را گرفته است.

- **تا** : گستره ای که دارای حد نهایی است ("تا" در معنای حرف اضافه)

تاب – تار – تاریخ – طاقت

تاب = تا + ب

به معنای توان است و در توضیح کی توان گفت انسان تا جایی دوام می آورد و چیزی را تحمل می کند که تاب دارد و در واقع این واژه گستره ی توان و مسیر رسیدن به حد بالایی توان انسان را نشان می دهد.

تار = تا + ار
آنچه از جایی تا جای دیگر کشیده می شود و آن نقاط را به هم وصل می کند.

تاریخ = تا + ر + یخ
به معنای تاری است که از گذشته به امروز کشیده می شود و زمان گذشته را به حال و اکنون متصل می کند که با معنای تاریخ بسیار سازگار است.

طاقت = تا + ق + ت
ابتدا از "تا"، "تاق" درست می شود و سپس به انتهای آن حرف "ت" افزوده می شود و از نظر معنایی نیز به گستره ی تحمل انسان اشاره دارد که دارای یک حد نهایت است.

- **تَج** : داد و ستد، بده بستان

تجارت – تجربه

تجارت = تَج + ار + ت
تجارت به معنای داد و ستد است و معنای بن واژه را در خود دارد.
نوع واژه سازی هم بسیار شبیه واژگان پارسی است و از پسوندهای پر کاربرد پارسی مانند "ار" و "ت" در آن استفاده شده است.

تجربه = تج + ر + به
به نوعی داد و ستد اشاره دارد به این معنا که هنگام تجربه کردن انسان بخشی از عمر خود را می دهد و به جایش درسی می آموزد.

- **تَد** : از پیش آماده کردن

تدارک – تدبیر- تدوین

تدارک = تد + ار + ک
به معنای از پیش آماده کردن است و معنای بن واژه را کاملاً در خود دارد.

امکان دارد علت آن که حرف "ر" در آن ضمّه پذیرفته آن است که آن را با وزن تفاعُل عربی سازگار کنند و شاید حرف "ر" در اصل فتحه یا کسره داشته است.

تدبیر =تد + ب + یر

پسوند "یر" در واژگان دیگری چون "دلیر"، "ضمیر" و "نفیر" هم کاربرد دارد فقط تفاوت در اینجا آن است که پیش از افزودن پسوند "یر"، یک حرف "ب" نیز به بن واژه افزوده می شود و ابتدا از آن "تدب" ساخته می شود و سپس "یر" به آن افزوده می شود.

تدبیر به معنای دور اندیشی داشتن و خود را برای آینده آماده کردن است که در واقع به همان معنای بن واژه اشاره دارد.

تدوین =تد + و + ین

درست مانند "تمرین" ساخته می شود با این تفاوت که به جای حرف "ر" ابتدا حرف "و" به بن واژه افزوده می شود و از آن "تَدو" ساخته می شود و سپس پسوند "ین" به آن افزوده می شود.

معنای واژه ی "تدوین" آماده کردن و مهیا کردن است.

- **تَر** : عملی که در ماهیت پیشرونده و دارای مقایسه است (همان پسوند صفت تفضیلی ساز است که به عنوان یک بن واژه نیز به کار می رود)

ترسیدن – تَرَکیدن – تراشیدن – ترازیدن – ترازو – تراویدن – ترمیم – ترتیب – ترجیح - ترقی

ترسیدن = تَر + س + ید + ن

ابتدا با افزودن "س" به بن واژه، "ترس" ساخته می شود و سپس مانند اکثر واژگان دیگر پارسی با افزودن "یدن" ، از آن مصدر فعل ساخته می شود.

"ترس" حسی است که ماهیتاً پیشرونده است و پسوند "س" به داشتن تکرار در ماهیت آن اشاره می کند.

ترکیدن = تَر + ک + ید + ن

ابتدا با افزودن "ک" به بن واژه "ترک" ساخته می شود و سپس از آن فعل سازی می شود.

"ترک" شکافی پیشرونده است که در طول زمان بیشتر و بزرگتر می شود و پخش می گردد.

تراشیدن = تر + اش + ید + ن

درست مانند واژگان "تلاش" و "خراش" از افزودن "اش" به بن واژه ساخته می
شود. (نمونه ای دیگر از کاربرد پسوند "اش" واژه ی "پاداش" است.)
عمل تراشیدن ماهیتاً پیشرونده است و به خرد خرد بریدن چیزی و شکل دادن به
آن می گویند.

ترازیدن = تَر + از + ید + ن
ابتدا مانند "آواز" و "پیاز" با افزودن " از" به بن واژه "تراز" ساخته می شود و
سپس از آن مصدر فعل ساخته می شود.
عمل "ترازیدن" یا "تراز کردن" به جابجایی یک سطح و قیاس آن با سطح دیگر
اشاره دارد و این کار ادامه می یابد تا آن که سرانجام هر دو سطح در یک راستا
قرار گیرند و هم تراز گردند.

ترازو = تَر + از + و
ابتدا از "تر" واژه ی "تراز" ساخته می شود و سپس مانند واژگان " ولو" و
"کشو" با افزودن "و" از آن اسم جدیدی ساخته می شود.
واژه به شیوه ی عملکرد ترازو اشاره دارد و به نوعی مقایسه که میان کفه های
تر از و در جریان است اشاره می کند زیرا کفه های ترازو نسبت به هم بالا و پایین
می روند تا آنجا که نهایتاً روبروی هم بایستند و در اصطلاح تراز شوند.

تراویدن = تَر + او + ید + ن
نفوذ خرده خرده ی آب یا مایعی دیگر از درون ظرف (عمدتاً ظرف سفالی) به
برون آن را گویند که عملی پیشرونده با زمان است.

ترمیم = تَر + م + یم
عمل "ترمیم" به معنای بهبود یافتن است و ماهیتاً مفهومی پیشرونده دارد و به بهتر
شدن و بهتر کردن به مرور زمان اشاره دارد یعنی در واقع نوعی قیاس یک چیز
با خودش در گذر زمان وجود دارد و به زیبایی با استفاده ی مکرر از پسوند "میم"
بهبودی و بسته شدن زخم تداعی می شود چرا که هنگام ادای حرف میم لب ها نیز
جمع و بسته می شوند. به عنوان نمونه از کاربرد پسوند "یم" می توان به واژگان
"گلیم" و "ابراهیم" اشاره کرد.

ترتیب = تَر + ت + یب
ابتدا با افزودن حرف "ت" به بن واژه، "تَرت" ساخته می شود و بعد مانند واژگان
"نشیب" و "غریب" با افزودن پسوند "یب" کامل می شود.
ترتیب در واقع به نوعی مقایسه میان چند چیز اشاره دارد و معنای بن واژه در آن
بسیار پر رنگ است. مثلاً هنگام ترتیب دادن گفته می شود که فلان چیز، جلوتر

است یا عقب تر، سبک تر است یا سنگین تر و مانند اینها، پس ترتیب در واقع با مقایسه چیزها با هم سر و کار دارد.

ترجیح = تر + ج + یه
ابتدا با افزودن حرف "ج" واژه ی "ترج" ساخته می شود و سپس مانند واژه ی "کریه" به آن پسوند "ایه" افزوده می شود.
در "ترجیح" نیز مفهوم مقایسه نقش پر رنگی بازی می کند و هنگام ترجیح دادن چیزی با بقیه ی چیزها قیاس می شود و به آن نسبت به بقیه برتری داده می شود.
ترقی = تر + ق + ی
به معنای پیشرفت کردن است در آن مفهوم مقایسه به صورت پر رنگ وجود دارد اما این مقایسه، قیاس چیزی با خودش در گذر زمان است.

• **تَر**: تازه

تَر- ترِه – تِرکه – طراوت - طرح

تر
به معنای نمناک و تازه است.

ترِه = تَر + ه
به نوعی سبزی خوراکی گفته می شود و به تازگی و آبدار بودنش اشاره دارد.

تِرکه = تر + که
به شاخه ی تر و تازه ی درخت که باریک و بلند است می گویند.

طراوت = تر + ا + و + ت
به تر و تازگی اطلاق می شود.

طرح = تَر + ه
برنامه و نقشه ای که تازه است و در مراحل ابتدایی می باشد.

• **تَق** : پرهیز، دوری کردن

تقوا – تقیه – تقطئه – منطَق – مشتق

تقوا = تَق + وا

به معنای پرهیزکاری و دوری جستن است و مانند واژه ی "رسوا" ساخته می
شود.

تقیه = تَق + یه
در اصطلاح دینی به دوری کردن از عمل یا رفتاری گفته می شود و مانند واژگان
"بقیه" و "رویه" ساخته می شود.

تقطئه = تق + ت + ئه
به معنای دوری جستن و نفی کردن کسی است و به نظر پارسی میرسد و در آخر
آن از پسوند "ئه" یا همان "عه" استفاده شده است درست مانند واژه ی "قُرعه".
همانطور که قبلاً گفته شده است طرز نگارش در تشخیص واژگان پارسی مهم
نیست و فقط صدا اهمیت دارد چرا که عرب ها هر واژه را همانگونه که علاقه
داشته اند و بدون توجه به ریشه اصلی آن واژه نگاشته اند.

منطَق = من + تق
"منطق" از دو بن واژه "من" و "تَق" تشکیل شده است. بن واژه ی "من" به معنای
"میان دو چیز ماندن" است بنابراین "منطق" به معنای "پرهیز از ماندن سیان دو
چیز" خواهد شد. از آنجا که هنگام استدلال بی منطق، انسان بین گزاره های اشتباه
گیر می افتد و به عبارتی منگنه می شود می توان به علت این نامگذاری پی برد.
باید افزود برای ساختن برخی واژگان که معنای پیچیده تری دارند گاهی به جای
پسوند (که عموماً بطور مستقل دارای معنا نیست) از بن واژه ای دیگر کمک
گرفته می شود.

مشتق = مُش + تق
بن واژه ی "مُش" به معنای اشتراک است پس معنای "مُشتق" می شود : "پرهیز و
جدایی از اشتراک". با توجه به اینکه وقتی چیزی از چیز دیگر مشتق می شود از
تنه ی اصلی آن چیز که بین آنها مشترک است جدا می شود می توان به علّت این
نامگذاری پی برد.

● **تِل** : نگه داشتن، نگه داشته شدن، بند کردن

تل ــ تلنگ ــ تله ــ طلسم ــ تلپ ــ تلوتلو ــ تلخ ــ تلاش ــ تلقین ــ تلافی ــ تلاقی

در برخی واژگان یاد شده در بالا بن واژه ی "تِل" به شکل "تَل" به کار می رود
که این تغییر به علت راحتی در گفتار به وجود آمده است.

تِل

وسیله ای که با آن موی بلند را نگه می دارند و بند می کنند.

تلنگ = تل + انگ

آنچه باعث نگه داشته شدن و بند شدن اجزاء چیزی به هم می شود.

تله = تل + ه

آنچه شکار یا طعمه را نگه می دارد و در بند می کند و اجازه ی گریز را از او
می گیرد.

طلسم = تل + س + م

به جادویی اطلاق می شود که انسان را بند می کند و نگه می دارد.

تلپ = تل + پ

"تلپ شدن" به خود را جایی بند کردن و نگه داشتن گفته می شود و در اصطلاح،
به معنای خود را جایی مهمان کردن کاربرد دارد.

تلوتلو = تل + و + تل + و

به حالت بی تعادلی گفته می شود و به صورت "تلو تلو خوردن" کاربرد دارد که
به معنای در حالت بی تعادلی راه رفتن است.
هنگامی این حالت روی می دهد که مدام تعادل از دست می رود ولی شخص به
گونه ای خود را بند می کند و نگه می دارد و از زمین خوردن جلوگیری می کند
و در واقع واژه به تکرار بند کردن و نگه داشتن اشاره دارد.

تلخ = تل + خ

مزه ای است که به سادگی در دهان از بین نمی رود و گویا خود را به زبان بند
می کند و نگه می دارد و پسوند یا حرف "خ" نیز در آخر آن، سختی تجربه ی این
مزه را به خوبی تداعی می کند.

تلاش = تل + اش

درست مانند "تراش" و "خراش" از افزودن پسوند "اش" به بن واژه ساخته می
شود و از نظر معنایی باید گفت هنگام تلاش کردن در واقع شخص به چیزی یا
کاری بند می کند و آن را برای خود نگه می دارد و ول و رهایش نمی کند و به
جهت وجود همین معنا در ژرفای واژه ی "تلاش"، این واژه از این بن واژه
ساخته شده است.

تلقین = تل + ق + ین

ابتدا با افزودن پسوند "ق" که نمایانگر وجود حد نهایت یک معنا در واژه است واژه ی "تِلق" ساخته می شود که به معنای "حد نهایت نگه داشتن چیزی" است و سپس به آن پسوند "این" افزوده می شود که معنای واژه را به "تِلق" نسبت می دهد و نهایتاً واژه ی "تلقین" به معنای "آنچه مربوط به حد نهایت نگه داشتن و بند کردن است" ساخته می شود که با مفهومی که از واژه ی "تلقین" انتظار می رود کاملاً سازگار است چرا که هنگام تلقین، شخص آنقدر به چیزی بند می کند و آن را در فکر خود نگه می دارد تا آن که ملکه ی ذهنش می شود و آن را باور می کند.

نمونه ی دیگری از کاربرد پسوند "ین" واژه ی "تمرین" است.

تلافی = تل + اف + ی

ابتدا واژه ی "تِلاف" درست مانند "غلاف" با افزودن پسوند "اف" به بن واژه ساخته می شود (گرچه که به طور مستقل کاربردی ندارد) که به معنای "حس انتقامی است که انسان در خود نگه می دارد" و سپس با افزودن یای نسبت، مفهوم واژه ی تازه به آن نسبت داده می شود و در واقع "تلافی" عملی است که به نگه داشتن حس انتقام در خود نسبت داده می شود که دقیقاً با معنای انتظار داشته از واژه سازگار است.

تلاقی = تل + اق + ی

ابتدا واژه ی "تلاق" (مانند "سُراغ") از بن واژه ساخته می شود (گرچه تلاق به طور مستقل کاربردی ندارد) که به معنای حد نهایت نگه داشته شدن و بند شدن است، سپس با افزودن یک یای نسبت، مفهوم واژه ی تازه به "تلاق" نسبت داده می شود که معنای آن عملی است که به حد نهایت نگه داشته شدن و بند شدن نسبت داده می شود که دقیقاً با مفهوم "تلاقی" سازگار است زیرا هنگام تلاقی دو یا چند چیز باهم در واقع آن چیزها در آن نقطه به هم بند شده و نگه داشته می شوند.

- **تَم** : پیوستگی

تماس – تمرین – تمیز – تمام

تماس = تَم + اس

به معنای تکرار پیوستگی است که با معنای "تماس" بسیار سازگار است و همان معنای ارتباط را می رساند.

تمرین = تَم + ر + ین
در واقع ویژگی بارز "تمرین" پیوسته بودن آن است و هنگام تمرین کردن شخص کاری را مدام و پیوسته تکرار می کند. پسوند "ین" در واژگان زیادی مانند "سیمین"، "جبین" و "تلقین" وجود دارد.

تمیز = تم + یز
پسوند "یز" مانند "از" به، به تفصیل کشاندن یک معنا اشاره دارد، پس "تمیز" به معنای چیزی است که اجزاء آن کاملاً به هم پیوسته اند و از این رو معنای خالص بودن و پاک بودن را در خود دارد. در واقع چیز "تمیز" چیزی است که ناخالصی ندارد و اجزائش کاملاً بهم پیوسته و یکپارچه است.

تمام = تَم + ام
در اصل به معنای کامل است ولی معنای "همه" و مثلاً در ترکیب "تمام شد" معنای "پایان یافتن" را نیز به خود گرفته است و در توضیح واژه باید گفت پسوند "ام" به مجموعه ای از چیزها اشاره دارد بنابراین معنای واژه ی "تمام"، "پیوستن کلّیت چیزها به یگدیگر" خواهد شد که به معنای همان کامل شدن است.

* **جَب** : آنچه پیش رو قرار دارد

جبین – جبهه – جبر

جبین = جَب + ین
به معنای پیشانی و آن چیزی است که پیشاپیش قرار دارد.

جبهه = جَب + هه
در هنگام جنگ به جایی گفته می شود که درگیری رو در رو وجود دارد و در واقع پیش روی دشمن قرار دارد.

جبر = جَب + ر
آنچه در آینده و پیش روی انسان قرار دارد.

* **جَل** : جذب شدن و جذب کردن

جلب =جَل + ب
به معنای جذب کردن است و دقیقاً معنای بن واژه را در خود دارد.

جَلد = جَل + د
در ترکیب "کبوتر جَلد" به کبوترهای دست آموزی گفته می شود که به جای خاصی که در واقع نزد صاحبشان است جذب می شوند و به هر جا پر بکشند به همانجا باز می گردند.

- **جِل** : پیش رو، آنچه نمایان است

جلو – جلوه – جلد – جلا – جلف –جلیقه

جلو = جِل + و
به معنای "آنچه پیش رو قرار دارد" است و مانند واژگان "ولو"، "کشو" و "تلو" ساخته می شود.

جِلوه = جِل + وه
آنچه نمایش دادنی است و نمایان است.

جِلد = جِل + د
قسمتی از کتاب که جلو و روی کتاب قرار دارد و نمایان است. احتمال عربی بودن هم وجود دارد.

جِلا = جِل + ا
آنچه باعث جلوه گر شدن و نمایان شدن می گردد.

جِلف = جِل + ف
آن کس که زیاد از حد خود را نمایش می دهد. مانند واژگان "عَطف" و "کِنف" ساخته می شود.

جلیقه = جِل + ی + قه
لباسی که روی لباس های دیگر می پوشند و در جلوی آنها قرار می گیرد و نمایان است و از نظر واژه سازی، مانند واژه ی "سلیقه" ساخته می شود.

- **جُم** : کل، همه

جمله – جمهور – جمعه

جمله = جُم + له

به معنای کل و همه است و مانند "پیله" ساخته می شود.

جمهور = جُم + ه + ور

به معنای کل و همه است.

ابتدا واژه ی "جُمه" ساخته می شود و سپس مانند "مزدور" و "رنجور" به آن پسوند "اور" افزوده می شود.

جمعه = جُم + عه

از آنجا که کل روزهای هفته به جمعه ختم می شوند از این بن واژه برای آن استفاده شده است.

البته احتمال عربی بودن هم کاملاً منتفی نیست.

- **چُر** : حفظ کردن و نگه داشتن حالت، در یک حالت ماندن

چُرت – چرتکه – چروک

چُرت = چر + ت

مانند واژه ی "پرت" با افزودن حرف "ت" به بن واژه ساخته می شود.

به دلیل آن که هنگام چرت زدن، شخص بی حرکت می ماند و تکان نمی خورد و در واقع حالت خود را حفظ می کند از این بن واژه برای ساخت آن استفاده شده است.

چرتکه = چُر + ت + که

پسوند "که" در واژه هایی مانند "فلکه" و "تلکه" کاربرد دارد.

مهره های استفاده شده در "چرتکه" هنگام محاسبه ی جمع و تفریق پس از جا به جایی حالت خود را حفظ می کنند تا آن که عدد محاسبه شده ثبت شده و فراموش نشود.

چروک = چر + اوک

وقتی لباس یا پارچه ای چروک می شود هر چه که کوشیده شود با دست صاف شود باز به حالت قبلی باز می گردد و حالت خود را حفظ می کند پس معنای بن واژه را در خود دارد. پس چروک در واقع به پارچه ای اطلاق می شده که حالتی را که به خود گرفته حفظ می کند و به مرور معنای چین خورده را به خود گرفته است.

به عنوان نمونه، پسوند "اوک" در واژه ی "سلوک" هم کاربرد دارد.

- **چُل** : عاجز و از کار افتاده، بی دست و پا، از ریخت افتاده

چلمن – چلفتی – چلمو – چلاغ – چپ و چُله

چلمن = چُل + من
مانند "هومن"، "بهمن" و "ایمن" با افزودن پسوند "من" به بن واژه ساخته می شود.
به آدم بی دست و پا و دست و پا چلفتی گفته می شود.

چلفتی = چل + اِفت + ی
مانند واژه ی "غلفتی" ساخته می شود و در ترکیب "دست و پا چلفتی" کاربرد دارد و به معنای کسی است که دست پایش عاجز و ناتوان از انجام کارها به گونه ای درست است که به همان معنای بی عُرضه می شود.

چُلمو = چل + م + و
به انسان چلمن بی عرضه گویند.

چلاغ = چل + اغ
به نهایت ناتوانی در انجام کار اشاره دارد و معمولاً به وقت شکستن و آسیب دیدن دست و پا به کار می رود.

چپ و چُله = چپ + چل + ه
"چُله" عموماً در کلام برای تاکید و راحتی بیشتر کمی متفاوت بیان می شود و به صورت "چوله" درمی آید. "چُله" در اینجا به نظر معنای کج و از ریخت افتاده را هم می دهد.

• خَش : زمختی

خَش – خشم – خشن

خش
به معنای ناهمواری، ناصافی و زمختی است. مثلاً در گزاره ی "صدای خش دار" به معنای ناصاف و زمخت است.

خشم = خش + م
حسی که با زمختی و ناهمواری همراه است.

خَشن = خَش + ن
با افزودن "ن" از "خش" صفت و قید "خشن" ساخته می شود.

• **خَل** : فرو رفتن در چیزی، داخل شدن

خَلیدن ـ خَلال ـ خَلنگ ـ خَلاف ـ خَلط ـ خَلسه ـ خَلبان

خَلیدن = خَل + ید + ن
به معنای فرو رفتن چیزی در چیز دیگر است که شکل مختصر شده ی آن
"خَستن" است و واژه ی "خسته" از آن ساخته می شود.
"خسته" در واقع صفت مفعولی از فعل "خَلیدن" است و به معنای "آنچه در آن
چیزی فرو رفته باشد" می باشد بنابراین معنای زخم شده و آسیب دیده را دارد و
در قدیم کاربرد آن بیشتر در میان سربازان جنگی بود چرا که آنها در طول جنگ
آسیب می دیدند و توان جنگی خود را از دست می دادند و گفته می شد که "خسته
شده اند" و به مرور این واژه به معنای "کم توان" میان مردم جا افتاد.

خَلال = خَل + ال
آنچه میان چیزی فرو کنند مانند خلال دندان.
به عنوان نمونه از کاربرد پسوند "ال" می توان به واژه های "روال" و "چنگال"
اشاره کرد.

خَلنگ = خل + آنگ
مثل واژه ی "تلنگ" ساخته می شود و به گیاهی خاردار گفته می شود و علت آن
داشتن خارهایی است که در دست یا بدن می خلد و فرو می رود.

خَلاف = خل + اف
از آنجا که در عمل فرو رفتن و خلیدن، چیزی در جهت متضاد چیز دیگر حرکت
می کند و به آن داخل می شود از این بن واژه در ساختن آن استفاده شده است.
از نظر واژه سازی درست مانند واژگان "کلاف" و "غلاف" ساخته می شود.

خَلط = خل + ت
به معنای داخل شدن چیزی به چیز دیگر است و همانطور که دیده می شود معنای
بن واژه را آشکارا در خود دارد.
همین واژه ی پارسی "خلط" است که به عربی رفته و عرب ها از آن واژگان
"اختلاط" و "مختلط" را ساخته اند و بعد این واژگان به پارسی وارد شده اند.

خلسه = خل + سه
به نظر واژه ای پارسی از بن واژه ی "خل" می باشد و مانند "پرسه" و "عطسه"
ساخته می شود و از نظر معنایی هم به حالتی که انسان به آن داخل می شود گفته
می شود.

خلبان = خَله + بان = خل + ه + بان
این واژه از واژه ی "خَله" و پسوند "بان" تشکیل شده است.
"خله" از بن واژه ی "خل " و حرف "ه" تشکیل می شود و به معنای "آنچه در
هوا می خلد" می باشد و در واقع به "هواپیما" گفته می شود که در هوا خلیده، آن
را می شکافد و به پیش می رود و از سوی دیگر پسوند "بان" به معنای مدافع،
نگهبان و نگهداری کننده می باشد پس معنای خلبان "نگهدارنده و هدایتگر هواپیما"
خواهد شد.

• **خُن** : ملایم، لطیف

خنک ‌ـ خنیا ‌ـ خنثی

خنک = خُن + ک
به نظر می رسد "خنک" در اصل به معنای ملایم بوده است و به مرور زمان در
گفتار مردم، معنای سرد را به خود گرفته است.

خنیا = خن + ی + ا
به معنای موسیقی است و به ملایم بودن و لطافت آن اشاره دارد.

خنثی = خُن + سا
از دو بن واژه ی "خُن" و "سا" تشکیل شده است. بن واژه ی "سا" همان طور که
گفته خواهد شد به معنای "همگون و یک دست" می باشد، پس "خنثی" به معنای
"همگون با ملایمت و لطافت" است که با معنایی که از آن انتظار داریم بسیار
سازگار است زیرا هنگام خنثی کردن چیزی، در واقع از تاثیر و اثرگذاری آن
چیز کاسته می شود و به بیانی، اثر آن ملایم و نرم می شود.

• **دا** : داشتن، دارای چیزی بودن

داشتن ‌ـ دانستن ‌ـ داغ ‌ـ داداش ‌ـ دایی ‌ـ دایه ‌ـ فدا

داشتن = داریدن = دا + ر + ید + ن

همانطور که گفته شد شکل اصلی هر فعل بن مضارع آن است، پس "داشتن" در واقع همان "داریدن" است که برای کوتاهی در گفتار به این شکل در آمده است یعنی "ر" به "ش" و "اید" به "ت" تغییر کرده است. پسوند ماضی ساز "اید" برای اختصار غالباً به "ت" تغییر می کند. از نظر معنایی باید توجه داشت که داشتن به معنای نگهداری کردن هم می باشد.

دانستن = دا + ن + اِست + ن

ابتدا با افزودن پسوند "ن" به بن واژه، بن مضارع "دان" ساخته می شود (که خود به عنوان پسوند در گلدان و نمکدان نیز استفاده می شود) سپس با افزودن "اِست" بن ماضی یا گذشته ی فعل ساخته می شود و با افزودن "ن" از آن مصدر ساخته می شود.

درباره ی خط معنایی هم می توان گفت که در واقع وقتی چیزی را می دانیم یعنی آن را در بر می گیریم و آن را داریم و از آن نگهداری می کنیم مانند گلدان که گل را در بر می گیرد و از آن نگهداری می کند.

داغ = دا + غ

به علامتی گفته می شود که توسط فلزی گداخته بر بدن حیوان چهارپا ایجاد می کنند و بر داشتن و نهایت مالکیت تاکید دارد.

در قدیم چهارپایی را که به کسی متعلق بود داغ می کردند و داغ نشان دهنده ی تعلق آن حیوان به آن شخص بود. به مرور چون داغ کردن همراه با دادن حرارت بسیار به گوشت و پوست جاندار بوده مجازاً به معنای بسیار گرم رایج شده است.

داداش = دا + دا + ش

از دو بار تکرار بن واژه به همراه پسوند "ش" ساخته می شود که نشان دهنده ی صمیمیت بسیار است و به معنای کسی است که داشته و دارایی انسان است و به او بسیار نزدیک است.

دایی = دا + ی + ی

همانند داداش اینجا هم "دا" به نزدیکی زیاد اشاره می کند.

دایه = دا + ی + ه

مانند داداش و دایی به نزدیکی زیاد اشاره می کند و ارزشمند و مانند دارایی بودن را بیان می کند و از طرفی معنای نگهداری نیز در آن وجود دارد زیرا دایه کسی است که از فرزند نگهداری می کند و به او شیر می دهد.

فدا = پاددا = پاد + دا

فدا در اصل "پاددا" بوده که به مرور زمان و برای سادگی گفتار به شکل "فدا" در
آمده است. "پاددا" از افزودن پیشوند "پاد" به بن واژه ی "دا" ساخته می شود.
پیشوند "پاد" معنا را متضاد می کند پس معنای پاددا (فدا) "از دست دادن" خواهد
شد که با معنای واژه که به معنای "از دست دادن جان یا مال در راه یک چیز با
ارزشتر است" همخوانی دارد.

- **دَر** : درون، روزنه

درون ـ درز ـ درد ـ درس ـ درک

درون = در + ون
همان معنای بن واژه را دارد.

درز = در + ز
به روزنه ی بزرگ و شکاف گفته می شود.

درد = در + د
حسی که از درون یا میان بخشی از بدن انسان، به انسان دست می دهد.

درس = در + س
آموزه ای که درون چیزی نهفته است و باید آن را بیرون کشید و درک کرد. البته
احتمال عربی بودن هم وجود دار د.

درک = در + ک
فهمی درونی که انسان از چیزی دارد.
احتمال عربی بودن هم وجود دارد.

- **دَک** : توقف، ایستایی

دکیه (تکیه) ـ دکل ـ دگّه ـ دگّان

دکیه = دک + یه
جا و حالتی که انسان در آن توقف می کند و ایستا می شود.

دکل = دَک + ل

تیری که مشخصه ی بارز آن در یک جا ثابت ماندن و ایستادن است و همانند یک ستون است که چیزهای دیگر را به آن تکیه می دهند و می ایستانند مانند دکل برق که سیم های برق و سایر متعلقات را از آن آویزان می کنند.

دگّه = دَک + ه
جایی که انسان ها در میان راه در آن توقف می کنند و محل توقف است مانند دگّه ی روزنامه فروشی. این توقف می تواند برای دیدن، خریدن یا پرسیدن چیزی باشد.
از نظر واژه سازی مانند واژگان "قُلّه" و "پلّه" است.
دگّان = دَک + ان
جایی که انسان ها برای خریدن چیزی توقف می کنند. پسوند "ان" هم پسوند مکان است.

• **رَق** : سیال بودن

رَقیق – رَقّت – رقیب – رقابت – رقص

رقیق= رَق + یق
نهایت سیال بودن و روانی را گویند.

رقّت = رق + ت
به معنای رقیق بودن است.

رقیب = رق + یب
مانند "نشیب" و "غریب" ساخته می شود و به حریفان در یک مسابقه اطلاق می شود که در یک وضعیت سیّال نسبت به یکدیگر قرار دارند یعنی در هر لحظه در جای متفاوتی نسبت به هم هستند و گاهی جلوتر قرار می گیرند و گاه عقب تر.

رقابت = رق + اب + ت
"رقابت" از نظر ساختاری کاملاً با اصول واژه سازی پارسی سازگار است ولی از نظر معنایی در واژه سازی پارسی وقتی پسوند ها تغییر می کنند واژگان ساخته شده معمولاً به چیزهای متفاوتی اشاره می کنند حال آن که "رقیب" و "رقابت" با آن که معناهای متفاوتی دارند هر دو به یک چیز یعنی "مسابقه" اشاره می کنند و همچنین باید گفت در واژه ی "رقابت" مانند اصول دستور زبان عربی سه حرف اصلی از جمله پسوند "ب" در واژه ی "رقیب" حفظ شده و فقط مصوّت آن تغییر کرده است . کاملاً دانسته نیست که این کار در پارسی مرسوم بوده است

یا این یک ساختار عربی است که به پارسی راه پیدا کرده است. احتمال بیشتر آن است که این کار در پارسی انجام می شده است اما امکان عربی بودن ساختار آن نیز وجود دارد یعنی ممکن است عرب ها "رقیب" را از پارسی گرفته باشند و از آن "رقابت" را ساخته باشند. نمونه های دیگری از این واژگان در پارسی وجود دارند نظیر: "عدل" و "عدالت" و "اصل" و "اصالت".

رقص = رق + س
اشاره به سیّال بودن بدن در زمان رقص دارد.

● **رُس** : نفوذ

رُس - رُسوب – رُسوخ – رُسوا

رُس
خاک رُس خاکی است که دارای نفوذ پذیری بالایی نسبت به آب است.

رسوب = رُس + وب
آنچه نفوذ می کند.

رسوخ = رُس + وخ
به معنای "نفوذ" است و دقیقاً همان معنای بن واژه را می دهد.

رسوا = رُس + وا
آن کس که حقیقتی درباره ی او درون اجتماع و توده ی مردم نفوذ می کند و در واقع حقیقت وجودی او همه جا نفوذ کرده و دستش برای همه رو می شود.

● **ری** : بسیار کوچک، جزئی

ریز – ریگ – ریال – ریاضی – ریاضت – ریاست

ریز : ری + ز
به معنای بسیار کوچک است که از آن واژه ی ریزه و فعل "ریزیدن" یا "ریختن" نیز ساخته شده است.

ریگ = ری + گ
به خرده سنگ خیلی کوچک اطلاق می شود.

ریال = ری + ال

واحد پولی ایران که در واقع کوچکترین معیار طبقه بندی پولی در ایران است.

ریاضی = ری + آز + ی

ابتدا از افزودن پسوند "از" که خود به، به تفصیل کشیدن یک معنا اشاره دارد به بن واژه ی "ری" واژه ی "ریاض" ساخته می شود که به معنای به "تفصیل کشاندن جزئیات" است و سپس حرف "ی" به آن افزوده شده و از مفهوم "ریاض" یک اسم می سازد و در واقع مفهوم تازه ای به آن نسبت می دهد بنابراین ریاضی به معنای "آنچه در آن جزئیات به تفصیل کشانده می شوند" خواهد شد که همان گونه که دیده می شود توصیف بسیار دقیقی از علم ریاضی است چرا که ریاضی علمی بسیار دقیق است که کوچکترین جزئیات در آن مهم هستند و به آنها با تفصیل و وسواس زیاد پرداخته می شود.

ریاضت = ری + آز + ت

ابتدا مانند ریاضی واژه ی "ریاض" ساخته می شود که به معنای "به تفصیل کشاندن یک کار کوچک" است و سپس از این مفهوم که حالت مصدری دارد با افزودن "ت" یک اسم ساخته می شود که به معنای "کاری که در آن یک چیز جزئی به تفصیل کشانده می شود" است که دقیقاً با معنای ریاضت همخوانی دارد چرا که در ریاضت کشیدن ساعت های دراز به یک امر کوچک و جزئی پرداخته می شود مثلاً هر کسی ممکن است یک وعده غذا نخورد ولی اگر این کار جزئی و کوچک در طول زمان ادامه یابد و گرسنگی به درازا بکشد به نوعی ریاضت تبدیل می شود.

ریاست = ری + اس + ت

همانطور که قبلاً گفته شد پسوند "اس" زمانی استفاده می شود که تکرار بسیار یک مفهوم یا عمل مد نظر باشد. ابتدا از "ری" واژه ی "ریاس" به معنی "تکرار شدن زیاد جزئیات" ساخته می شود و سپس با افزودن "ت" از آن اسمی ساخته می شود که به معنای "امری که با جزئیات فراوان سر و کار دارد " است که به خوبی با معنی ریاست منطبق است.

● زَخ : روی هم جمع شدن

زخم – ضخیم – ذخیره

زخم = زَخ + م

در اصل به معنای ضربه بوده است و مجازاً معنای جراحت را به خود گرفته است. باید در نظر داشت هنگام ضربه زدن نیروی انسان روی هم و در یک جا جمع می شود و بعد ضربه پدید می آید.

ضخیم = زَخ + یم
روی هم جمع شدن در یک جا که ایجاد کلفتی می کند.
مانند واژگان "ترمیم" و "حلیم" با افزودن پسوند "یم" ساخته می شود.

ذخیره = زَخ + یر + ه
آنچه روی هم جمع و انبار شود.

• زر : طلا

زر – زرد – زرین – زرق

زر
به معنای طلا است.

زرد = زر + د
رنگی که طلایی است.

زرین = زر + ین
به معنای همچون طلا و طلایی است.

زرق = زر + ق
به معنای جلوه ی ظاهری و آنچه ظاهری طلایی و فریبنده دارد می باشد.

• زَم : چسبیده، جدایی ناپذیر

زمین – زمان – ضمیمه – ضمیر – ضماد – زمام - ضمن

زمین = زَم + ین
جزء جدایی ناپذیر حیات و زندگی است.

زمان = زم + ان

جزء جدایی ناپذیر زندگی که گویا به زندگی چسبیده است.

ضَمیمه = زم + ی + مه
به معنای چسبیده و پیوسته به چیزی است.

ضَمیر = زم + یر
جزء جدای ناپذیر وجود انسان است و مانند واژگان "دلیر" و "گزیر" ساخته می شود.

ضَماد = زم + اد
مرهم را گویند که به زخم می چسبد و به آن ضمیمه می شود.
زَمام = زَم + ام
به معنای افسار است که به سر و گردن و پوزه ی حیوان می چسبد.

ضمن = زم + ن
ضمن هم همان معنای چسبیده و پیوسته به چیزی را دارد مثلا به طور ضمنی چیزی را گفتن به معنای به طور چسبیده و پیوسته با چیزی آن را بیان کردن است.

● **زِه** : منشاء، منبع

زِه ــ زِهاب ــ زِهدان ــ ذهن ــ زِهوار

زه
منظور زه کمان است یعنی آنچه منشاء نیروی کمان است.

زهاب = زه + آب
به معنای منشاء آب است یعنی "سرچشمه".

زهدان = زه + دان
پسوند "دان" به معنای در بر گیرنده و نگهدارنده است پس "زهدان" به معنای "جایگاه و محل منشاء زندگی (نطفه)" می شود که به معنای رحم می باشد.

ذهن = زه + ن
ذهن انسان منبع الهام و اندیشه است و در واقع منشاء و سرچشمه ی همه چیز است.

زِهوار= زه + وار
منشاء و منبع بنیه و نیرو و آنچه چیزی را سر پا نگه می دارد.
پسوند "وار" به معنای مانند است.

- **زُه** : آنچه بسیار آشکار است و خود را نشان می دهد

ظهور – ظهر – زهره – زهم - زهد

ظهور = زه + ور
مانند واژه ی "غرور" با افزودن "اور" به بن واژه ساخته می شود و به معنای
آشکار شدن و خود را نشان دادن است.

ظهر = زه + ر
زمانی از روز است که خورشید در وسط آسمان است و بیشتر از هر زمان
دیگری خود را نمایش می دهد.

زُهره = زه + ره
درست مانند "مُهره" با افزودن "ره" به بن واژه ساخته می شود.
درخشان ترین ستاره در آسمان است که بیشتر از بقیه ی ستارگان خود را نشان
می دهد.

زُهم = زه + م
معمولا به بوی گوشت و مرغی که درست آماده و پخته نشده باشد اطلاق می شود
و به بسیار آشکار بودن آن در غذا اشاره دارد و در واقع طوری آشکار است و
خود را نشان می دهد که شامه را آزارد.

زُهد = زه + د
پرهیزکاری و تقوایی است که شخص زاهد تمایل به نمایش آن به باقی مردم دارد
و طوری آشکار است و نمایش داده و به رخ کشیده می شود که برای دیگران
آزارنده است.

- **سا** : یک دست و همگون

**صاف – ساده – سامان - ساییدن - فرساییدن – سابیدن – ساختن – ساق –
ساقه – ساعت - ساسان**

صاف = سا + ف

به معنای سطح یک دست و همگون است که بیرون زدگی ندارد.

ساده = سا + د + ه

به معنای چیزی است که یک دست و همگون باشد و پیچیدگی و تکلف نداشته
باشد.

سامان = سا + مان

مانند واژه ی "پیمان" با افزودن پسوند "مان" به انتهای بن واژه ساخته می شود.
پسوند "مان" را می توان به معنای یک مجموعه ی ماندگار و دارای انسجام تعبیر
کرد پس واژه ی "سامان" به معنای یک دستی و همگونی و نظم می باشد.

ساییدن = سا + ی + ید + ن

پسوند های "ید" و "ن" فقط برای ساختن مصدر اضافه شده اند (که تقریباً در
مصدر سازی از همه ی واژه ها همین پسوندها به کار می روند) و ریشه ی
اصلی فعل، واژه ی "سای" می باشد که از افزودن پسوند "ی" به بن واژه ی "سا"
درست می شود و به نظر می رسد دلیل استفاده از حرف "ی" ایجاد یک حرف
میانجی برای چسباندن "سا" به پسوند فعل ساز "ید" باشد اما به هر صورت "ی"
به حرف اصلی واژه بدل شده است.

به این علت از این بن واژه در ساخت این فعل استفاده شده که در فرآیند "ساییدن"
در واقع یک دست کردن و همگون کردن بیرون زدگی ها و برجستگی ها انجام
می گیرد و سطحی که ساییده می شود در نهایت یکدست و همگون می گردد. از
این واژه واژگان دیگری هم مانند سایش، ساییدگی، ساینده و ... مشتق می شوند.

فرساییدن = فر+ سا + ی + ید + ن

همانطور که گفته شد پسوند های "ید" و "ن" برای مصدر سازی افزوده شده است
و ریشه ی اصلی، واژه ی "فرسای" می باشد که خود از پیشوند "فر" و بن واژه
ی "سا" و پسوند "ی" تشکیل شده است. معنای پیشوند "فَر"، "فراتر بودن" می
باشد. پس در واقع "فرسای" به معنای "آنچه که فراتر از ساییدن است" می باشد
که با معنی "فرساییدن" بسیار همخوان است چرا که در "فرساییدن" در واقع
ساییدن تا حدی پیش می رود که چیز ساییده شده را به آستانه ی نابودی می کشاند.
شکل دیگر این فعل "فرسودن" است و از این فعل واژگانی چون فرسایش و
فرسودگی هم مشتق می شوند. باید توجه داشت که در واژه ی "فرسودن"، بن واژه
به قصد مختصر کردن واژه و سادگی گویش تغییر شکل پیدا کرده وگرنه
همانطور که گفته شد بن واژه تغییر ناپذیر است و شکل استاندارد واژه "فرساییدن"
می باشد.

سابیدن = سا + ب + اید + ن
ریشه ی اصلی واژه، "ساب" می باشد و با افزودن حرف "ب" به جای "ی" به
عملی قوی تر و خشن تر از ساییدن اشاره می شود که مثلاً هنگام شستن پوشاک و
ظروف به کار می رود.

ساختن = سا + ز + اید + ن
شکل اصلی فعل، "سازیدن" است و به ضرورت گویش ساده تر و کوتاهتر به
"ساختن" تغییر شکل داده است پس همان گونه مشخص است ریشه ی این فعل
"ساز" می باشد که خود متشکل از بن واژه ی "سا" و پسوند "ز" است و به معنای
"آنچه اجزاء آن بسیار همگون است " می باشد که دقیقاً با معنای مورد انظار
سازگار است چرا که "ساز" وسیله ای است که اجزاء آن باید در نهایت همگونی با
هم باشند تا بتوانند با هم کار کرده و هدفی را محقق کنند و همچنین در فرآیند
ساختن، یک مجموعه ی یکدست و همگون درست می شود و به همین علت از
این بن واژه استفاده شده است. از این واژه مشتق های دیگری مانند سازش، سازه
و ... وجود دارد.

ساق = سا + ق
به نظر می رسد به این علت از این بن واژه استفاده شده است که این قسمت از پا
صاف و یک دست است.

ساقه = سا + ق + ه
از آنجایی که ساقه صاف و هموار است از این بن واژه ساخته شده است.

ساعت =سا + ات
این واژه از دو بن واژه تشکیل شده است. بن واژه ی "سا" به معنی یک دست و
بن واژه ی "ات" به معنای پیش رونده و متغیر. بنابراین معنای ساعت می شود
"پیش رونده ی یک دست و همگون" که دقیقاً همخوان با طرز کار ساعت می
باشد زیرا که ساعت با تغییرات ثابت و همگون جلو می رود و تند و کند نمی
شود.

ساسان = سا + سا + ن
برای ساختن این واژه از تکرار بن واژه ی "سا" و افزودن پسوند "ن" در انتها
استفاده شده است که به معنای به شکل بسیار یک دست و همگون می باشد و
ساسانیان به معنای منتسب به ساسان می باشد و باید گفت به علت آن که در زمان
ساسانیان سیاست های یک دست سازی مذهبی به طور گسترده دنبال می شده نام
ساسانیان برگرفته از این بن واژه است. در واقع در زمان ساسانیان دین زرتشتی

برکشیده شد و پذیرش تنوع و گوناگونی باورها که در زمان حکومت های پیشین یعنی هخامنشیان و اشکانیان وجود داشت از بین رفت و با پشتیبانی حکومت ساسانی، دین زرتشتی به دین دولتی تبدیل شد و قدرت فراوانی یافت و حکومت و پیشوایان زرتشتی به مرور ظلم هایی بر مردم روا داشتند که این امر به مرور به نارضایتی مردم انجامید.

- **سَب** : پایداری، پایستگی

صبر – صبور – ثبت – ثبات – سبک – سبلان

صبر = سَب + ر
همان معنای بن واژه را در خود دارد و به معنای پایداری است.

صبور = سب + اور
با افزودن پسوند "اور" به "سَب" از این بن واژه صفت فاعلی ساخته شده است که به معنای "کسی که پایداری می کند" است. به عنوان نمونه های دیگری از پسوند "اور" می توان به واژگان "غرور"، "مزدور" و "رنجور" اشاره کرد.
البته احتمال آن که عرب ها این واژه را از واژه ی پارسی "صبر" ساخته باشند نیز وجود دارد.

ثبت = سب + ت
به معنای پایسته کردن و ثابت کردن است. همین واژه است که به عربی رفته و از آن صفت فاعلی "ثابت" ساخته شده است که در پارسی امروزه کاربرد دارد.

ثبات = سَب + ات
مانند واژگان "فلات" و "کلات" ساخته می شود و به معنای پایستگی و پایداری است.

سبک = سب + ک
شیوه و روشی که در انجام کارهای مختلف ثابت و پایدار می ماند.

سبلان = سَب + ل + ان
به نظر پسوند "ان" پسوند مکان است و با این فرض معنای آن "محل پایداری" می شود.

- **سِپ** : حفاظت کردن، دفاع کردن

سپر ـ سپاه ـ سپُردن ـ سپند ـ سپید

سپر = سِپ + ر
وسیله ای که با آن از خود دفاع می کنند.

سپاه = سِپ + اه
مانند واژگان " کوتاه" و "تباه" ساخته می شود و به نیرویی که برای محافظت و دفاع از کشور سامان داده می شود گفته می شود.

سپُردن = سپاریدن = سپ + ار + ید + ن
ابتدا از افزودن "ار" به بن واژه ی "سپ" واژه ی "سپار" ساخته می شود و سپس از آن فعل ساخته می شود و در معنا نیز به نوعی حفاظت کردن اشاره دارد زیرا وقتی چیزی به کسی سپرده می شود در واقع هدف آن است که آن شخص از آن حفاظت کند و آن چیز حفظ شود.

سپند = سپ + ند
سپند یا اسفند که باور بر این است که دود کردن آن، انسان را از بلاها و چشم زخم حفظ می کند. البته عقیده ی رایج بر این است که شکل اصلی آن "اسپند" بوده است که در آن صورت بن واژه ی آن متفاوت خواهد بود.

سپید +سپ + ید
رنگی که باور داشتند انسان را از بدی ها محافظت می کند و از این رو موبدان زرتشتی هم پوشش سپید بر تن سی کردند.

- **سُر** : جا به جا شدن

سر ـ سراییدن ـ سُرایت ـ سرعت ـ سراغ ـ سرفه ـ سرنگ ـ سروش

سُر
در اصل به معنای جا به جا شدن است ولی مجازاً معنای لیز را به خود گرفته است و از آن فعل "سُریدن" هم وجود دارد که به معنی لغزیدن و جا به جا شدن است.

سراییدن = سر+ ا + ی + ید + ن
ابتدا پسوند "ا" به بن واژه افزوده می شود و واژه ی "سُرا" ساخته می شود و سپس حرف "ی" نیز به آن افزوده شده و در نهایت از آن مصدر فعل ساخته می

شود. باید توجه کرد که وجود حرف "ی" از نظر گفتاری برای چسباندن واژه ی "سرا" به " اید" ضروری است و بنابراین جزئی از واژه گشته است.
به نظر می رسد به علت آنکه هنگام "سراییدن" ذهن انسان مدام جا به جا شده و به سراغ واژه های مختلف رفته و آن ها را پس و پیش می کند و در نهایت هم واژه ها به بیرون از فکر منتقل می شوند از این بن واژه استفاده شده است.

سُرایت = سر + ای + ت
با افزودن "ت" به واژه ی "سرای" یک اسم دیگر با معنایی کاملاً متفاوت ساخته می شود و معنای آن "جا به جایی و انتقال عامل بیماری از کسی به کس دیگر" می باشد.

سرعت = سر + ات
از دو بن واژه ی "سُر" و "ات" تشکیل شده است که به معنای جا به جایی متغیر است که با معنای سرعت نیز که جا به جایی وابسته به زمان و متغیر با زمان است همخوانی دارد.

سراغ = سر + اغ
مانند واژگان "فراغ" و "سیاق" ساخته می شود و به علت کاربرد پسوند "اغ" به نهایت جا به جایی اشاره دارد و برای مثال در ترکیب "به سراغ کسی رفتن" به معنای همان جا به جا شدن و به محل بود و باش کسی مراجعه کردن است و همچنین در ترکیب "سراغ کسی را گرفتن" در اصطلاح به معنای از کسی خبر گرفتن است ولی باز هم به نحوی به جا به جایی و مراجعه به کسی اشاره دارد.

سرفه = سر + فه
از آنجا که هنگام سرفه کردن حالتی رخ می دهد که گویا چیزی در گلو سُر می خورد و به بیرون منتقل می شود از این بن واژه در ساختن آن استفاده شده است و از نظر واژه سازی هم مانند واژه ی "غرفه" است.

سُرنگ = سر + اَنگ
از آنجا که سرنگ فقط دارای یک دسته ی جا به جا شونده است که سر می خورد از این بن واژه استفاده شده است. پسوند "اَنگ" هم به معنای داشتن و دارا بودن است.

سروش = سر + اوش
به فرشته ی پیام آور گفته می شود و از آنجا که سروش برای رساندن پیام از عالم غیب به هر انسانی باید جا به جا شود و در واقع کار اصلی اش جا به جا شدن و

پیام رساندن است نامش از این بن واژه ساخته شده است. نمونه های دیگری از کاربرد پسوند "اوش" در "خروش" و "خاموش" وجود دارد.

● **سُک** : ضربه، وقفه

سکان ــ سکته ــ سکسکه ــ سکون ــ سکونت ــ سکوت

سکان = سُک + ان
فرمان قایق یا کشتی که برای تغییر مسیر حرکت، با تغییر جهت خود ضربه هایی به روند حرکتی قایق یا کشتی وارد می کند.

سُکته = سُک + ته
"سُکته" مانند ضربه ای است که از داخل بدن، به انسان وارد می شود و در واقع به هر نوع وقفه ی به وجود آمده در سامانه ی خونرسانی بدن گفته می شود. از نظر واژه سازی درست مانند واژه ی "سُلطه" ساخته می شود.

سُکسُکه = سُک + سُک + ه
از آنجا که هنگام سکسکه کردن گویی به انسان ضربه هایی ناگهانی وارد می شود و سامانه ی تنفسی او دچار وقفه می شود از این بن واژه استفاده شده است. تکرار بن واژه به تکرار ضربات پی در پی اشاره دارد و از نظر واژه سازی مشابه واژگان "قرقره" و "فرفره" است.

سکون = سُک + ون
از آنجا که سکون به معنای وقفه در حرکت یا توقف است از این بن واژه استفاده شده است و از نظر واژه سازی مانند "درون" و "برون" ساخته می شود.

سکونت = سک + ون + ت
با افزودن "ت" به سکون از آن یک اسم تازه ساخته می شود که همان معنی توقف در یک جا را در خود دارد.

سکوت = سُک + وت
به وقفه در کلام یا صدا گفته می شود.

● **سَل** : خوبی و بهی

سلام ــ سلامت ــ صلاح ــ سلیقه ــ صل ــ صلات ــ سلم ــ سلمان

سلام = سل + ام

به معنای نثار خوبی و بهی و مجموعه ی چیزهای خوب است. بنابراین "سلام" واژه ای پارسی است نه عربی آن چنان که پنداشته می شود.

از نظر واژه سازی درست مانند واژگان "پیام" و "تمام" ساخته می شود.

سلامت = سل + ام + ت

با افزودن "ت" به سلام معنی آن خاص تر شده و به معنای خوبی و تندرستی می شود. این واژه به عربی راه یافته و عرب ها از آن واژه ی "سالم" را ساخته اند.

صلاح = سل + اه

به معنای آنچه خوب و درست است می باشد و معنای بن واژه را کاملاً در خود دارد و از نظر واژه سازی مانند واژگان "تباه" و "گناه" ساخته می شود.

سلیقه = سَل + ی + قه

ابتدا با پسوند "ی" معنا به "سل" یعنی خوبی و بهی نسبت داده می شود و سپس با پسوند "قه" به حد نهایت آن اشاره می شود بنابراین "سلیقه" به معنای " آنچه مربوط به خوبی و بهی است" می شود که در واقع به ذائقه ی خوب اطلاق می شود.

از نظر واژه سازی درست مانند واژه ی "جلیقه" ساخته می شود.

صل

فقط در عربی کاربرد دارد. برای سلام دادن در قرآن، متن های عربی، صلوات و دیگر دعاها زیاد به کار می رود و به معنای نثار کردن خوبی و بهترین ها می باشد و با توجه به یکسانی معناها به نظر همین بن واژه ی "سل" پارسی هست.

صلات = سل + ات

فقط در عربی کاربرد دارد و به معنای نماز است و به نظر از بن واژه ی "سل" به معنی مجموعه ی کارهای خوب و صلاح می باشد و همچنین در واقع سلام دادن به خداست.

همان طور که دیده می شود بن واژه ی "سل" در صل، صلوات، صلات و سلام مشترک است و تقریباً همه ی این واژه ها به یک معنا هستند و برای سلام دادن به کار می روند، این نکته به خوبی ریشه ی پارسی این واژگان را به ما می نماید.

از نظر واژه سازی مانند واژگان "ملات" و "فلات" ساخته می شود.

سلم = سل + م

در شاهنامه نام پسر فریدون است که فریدون حکمرانی بخش غربی کشور را به
او بخشید که کشور اسرائیل امروزه و شهر جروسلم (که به معنای بنا شده توسط
سلم هست) در آن قرار داشتند.

سلمان = سل + مان
یار نزدیک پیامبر اسلام بود که ایرانی بود و از ابتدای آغاز رسالت در کنار او
بود.
نام اسلام هم برگرفته از "سلم" و "سلمان" است یعنی سه حرف اصلی "سلمان" که
همان حرف های واژه ی "سلم" هستند از آن سوا شده اند و مطابق وزن "افعال"
از آن "اسلام" ساخته شده است که به همان معنای خوبی و بهی است نه به معنای
تسلیم آن چنان که رایج است.

- **سُل** : دارای ثبات، بدون تغییر بودن

صُلب ــ صلح ــ سلطه ــ سلطان ــ سلوک ــ صلیب ــ سُلابه ــ سلیمان

صُلب = سُل + ب
جسم جامد که دارای ثبات و بدون تغییر است.

صلح = سُل + ه
در هنگام صلح هیچ بالا و پایین و درگیری ای وجود ندارد و گویا شرایط با ثبات
و بدون تغییر است.

سلطه = سُل + ته
نیرویی که تحکیم شده و ثابت است چنانکه گویا قابل تغییر نیست.

سلطان = سُل + ت + ان
به پادشاه و کسی گفته می شود که سلطه ایجاد می کند.

سلوک = سُل + وک
درست مانند واژه ی "چروک" ساخته می شود.
از نظر معنایی به راه و رسم پرورش عرفا گفته می شود که شامل منزلگاه های
ثابت و سیری ثابت و بی تغییر میان آنها است و دارای قانون های سفت و سخت
و بی تغییر است و به علت همین جمود و ثبات راه و روش، از این بن واژه برای
ساختن این واژه استفاده شده است.

صُلیب = سل + یب
از بن واژه ی "سُل" ساخته شده است و به همین روی شکل درست آن "صُلیب"
است که از چوب هایی متقاطع ساخته می شود که فرد را به آنها میخ می کنند و
بی حرکت و بی تغییر نگه می دارند.

صُلّابه = سُل + اب + ه
وسیله ای است که گوشت را از آن می آویزند و بی حرکت و ثابت نگه می دارند.

سلیمان = سل + ی + مان
نام پیامبری است و به معنای کسی است که دارای اقتدار و سلطه است که با آنچه
از سلیمان پیامبر می دانیم بسیار سازگار است.

• سَن : آنچه به آن رجوع می شود

سند – سنگ – سنگر- سنجیدن – صنعت – صندوق

سند = سَن + د
آنچه همواره برای سنجش درستی مطلبی به آن رجوع می شود.

سنگ = سن + گ
از آنجا که در قدیم همواره برای وزن کردن چیزها و کالا ها در داد و ستد به
سنگ هایی با وزن ها و اندازه های گوناگون رجوع می شد از این بن واژه در
ساختن این واژه استفاده شده است.

سنگر = سَن + گر
جایی که در جنگ ها برای پناه گرفتن همواره به آن رجوع می شود.

سنجیدن = سَن + ج + ید + ن
در سنجیدن همواره برای اندازه گیری به یک معیار رجوع می شود بنابراین در
مفهوم آن معنای رجوع کردن وجود دارد. این باور هم وجود دارد که سنجیدن در
اصل "سنگیدن" بوده و "گ" در آن به "ج" تبدیل شده است.

صنعت = سَن + ات
این واژه از دو بن واژه تشکیل شده است و بن واژه ی "اَت" در آن به معنای پیش
رونده است پس می توان گفت معنای آن می شود : "آنچه با زمان پیش می رود و
به آن رجوع می شود" که بسیار با معنای صنعت همخوان است چرا که هم با

زمان تغییر می کند و تکامل می یابد و هم برای انجام کارها همواره به آن رجوع می شود و در واقع مرجع است.

صندوق = سَن + د + وق
محفظه ای که در آن مدارک، سندها و چیزهای دیگر گذاشته می شود و در وقت لزوم به آن رجوع می شود. البته در زندگی روزانه به خیلی چیزها رجوع می شود ولی باید توجه داشت که "صندوق" بارزترین مشخصه اش رجوع شدن است و از این رو از این بن واژه ساخته شده است.

- **سُن** : فرو رفتن، سوراخ کردن

سُنبیدن – سُند – سنّت

سنبیدن = سُن + ب + ید + ن
معنای سوراخ کردن است و برای کوتاهی گفتار به شکل "سُفتن" هم کاربرد دارد. واژه ی "سنبه" هم که از همین واژه ساخته شده و کاربرد دارد به معنای ابزار سوراخ کردن می باشد.

سُند = سُن + د
وسیله ای که آن را در مجرای ادراری بیمارانی که کنترل ادراری خود را از دست می دهند فرو می کنند تا ادرار از راه آن تخلیه شود.

سنّت = سُن + ت
آنچه در طول زمان در باورها و آداب و رسوم مردمان فرو رفته و رخنه می کند.

- **سَو** : برتری

سوا – سوار- سواد – ثواب

سوا = سو + ا
به معنای برتر قرار دادن چیز یا گروهی نسبت به چیز یا گروهی دیگر یا دستچین کردن است.

سوار = سو + ار
سوار کسی است که نسبت به پیاده ها در موقعیت برتری قرار دارد.

سواد = سو + اد
سواد آن چیزی است که انسان را در موقعیت برتر نسبت به دیگران قرار می دهد
و انسان باسواد را از دیگران به اصطلاح سوا می کند.

ثواب = سو + اب
کاری که در نزد خدا انسان را در قیاس با دیگران در موقعیت برتر قرار می دهد
و در واقع فرد را از دیگران سوا می کند.

- **سَه** : راست و درست

سَهی – صحیح – صَحت – صَحّه – سهند

سهی = سه + ی
به معنای درست و راست قامت می باشد.
از پسوند "ی" استفاده شده است که پسوند نسبت است و برای نسبت دادن به یک
مفهوم کاربرد دارد.

صحیح = سه + ایه
به معنای درست می باشد و مانند "کریه" ساخته می شود.

صحت = سَه + ت
به معنای "درستی" است.

صحّه = سه + ه
مانند "پلّه" و "قلّه" درست می شود و به معنای نماد درستی است.

سهند = سه + أند
به معنای راست قامت و کشیده است.

- **سِی** : نحوه و شیوه

سیاق – سیاست

سیاق = سِی + اق
به معنای نحوه و شیوه است و همان معنای بن واژه را می دهد.

سیاست = سِی + اس + ت
همان طور که گفته شد پسوند "اس" زمانی استفاده می شود که تکرار یک مفهوم
یا عمل مورد نظر باشد. پس "سیاست" در واقع به معنای "تکرار روش یا شیوه
ای خاص" است که دقیقاً با معنای سیاست که ما می دانیم نیز همخوانی دارد چرا
که همانطور که می دانیم سیاست به معنای تکرار و حفظ شیوه ی برخورد خاص
در زندگی است.
باید توجه داشت که "سیاس" در واقع یک مفهوم است و پسوند "ت" که در انتهای
واژه افزوده می شود این مفهوم را به یک اسم تبدیل می کند و معنای نهایی آن می
شود "آنچه تکرار شدن شیوه و سیاقی خاص در آن وجود دارد".

- **سی** : پر و اشباع

سی – سیر- سیاه – سینه – سینی – صیام

سی
به معنای عدد سی است و به نظر به این علّت از این بن واژه برای آن استفاده شده
که یک ماه با سی روز پر می شود.

سیر = سی + ر
به معنای پر و اشباع است.

سیاه = سی + اه
نام رنگی است که اشباع شده از تیرگی است و مانند واژگان "تباه" و "گناه" ساخته
می شود.

سینه = سی + نِه
به نظر به این دلیل از این بن واژه در ساختن آن استفاده شده است که سینه محل
انباشته شدن هوا است و همچنین قلب در آن جای دارد و در ادب پارسی نیز محل
انباشتن رازها خوانده می شود بنابراین پر و اشباع است.
مانند واژگان "فتنه" و "پینه" ساخته می شود.

سینی = سی + ن + ی
سینی وسیله ای است که از چیزهای مختلف چه خوراکی و چه غیر خوراکی پر و
انباشته می گردد.

صیام = سی + ام

به معنای روزه است و فقط در عربی کاربرد دارد و گرچه می تواند واژه ای
عربی از بن واژه ی صوم باشد اما در عین حال می تواند پارسی از بن واژه ی
"سی" باشد و دلیل آن این است که روزه را در طول یک ماه که سی روز است
می گیرند.

● **شَر** : جدا کردن و تکه تکه کردن

شرح – شرط – شرم – شرق

شرح = شَر + ه

به همان معنی جدا جدا کردن و تکه تّکه کردن است که با معنای شرح دادن نیز
همخوان است زیرا که هنگام شرح دادن، یک چیز را برای توضیح دادن به قسمت
های جداگانه قسمت می کنیم. پسوند "ح" فقط معنی بن واژه را اختصاصی تر می
کند و نهایتاً "شرح" به معنای "سخن یا نوشته ای که بخش های یک واقعه را به
اجزاء جداگانه تقسیم می کند و آنرا توضیح می دهد" می شود.

شرط = شَر + ت

همان معنی بن واژه را می دهد فقط پسوند "ت" معنی آن را ویژه تر کرده و واژه
ای تازه از آن ساخته است که به معنای "مولّفه ای که یک مطلب را تکه تکه می
کند و به اجزاء جداگانه تقسیم می کند" می باشد و این معنا دقیقاً با آنچه از "شرط"
انتظار می رود سازگار است زیرا هنگام شرط گذاشتن در واقع حالات برخورد با
موضوعی از هم جدا می شوند مثلاً عملی که در صورت برقراری شرط انجام می
گیرد از عملی که در صورت برقرار نبودن آن انجام می گیرد جدا می شوند و این
گونه شرط عمل و نحوه ی برخورد ما را به بخش های جداگانه تقسیم می کند.

شرم = شَر + م

شاید در ظاهر خط معنایی در این واژه پیدا نباشد ولی با اندکی ژرف تر دیدن معنا
می شود به آن پی برد. وقتی کسی شرم دارد این شرم در واقع حسی است که
باعث می شود آن شخص از بقیه ی جمع جدا شود و یک حس جدا افتادگی به او
دست می دهد و همچنین از "کاری شرم داشتن" به معنای قائل شدن جدایی بین
خود و آن عمل است. از این واژه، واژه های مشتق شرمگین و شرمنده نیز وجود
دارد.

شرق = شَر + ق

جایی که خورشید از افق جدا می شود.
البته احتمال عربی بودن این واژه نیز وجود دارد.

- **شِک** : شکستن، پاره کردن و گسستن

شکستن – شکفتن – شکافتن - شکوه – شکایت

شکستن = شکنیدن = شِک + ن + یُد + ن
شکل اصلی واژه در بن مضارع نمایان می شود و بن ماضی عموماً شکل مخفف شده است. بن مضارع "شکستن"، "شکن" است که با افزودن "ن" به آخر بن واژه ساخته می شود و معنای بن واژه را در خود دارد.

شکفتن = شکوفیدن = شک + اوف + یُد + ن
بن مضارع شکفتن، شکوف است که از افزودن پسوند "اوف" به "شِک" ساخته می شود.
از آنجا که هنگام شکفتن، جوانه پوسته و غلاف خود را می گسلد و پاره می کند از این بن واژه برای ساختن آن استفاده شده است.

شکافتن = شکافیدن = شک + اف + یُد + ن
مانند واژه ی "غلاف" و "خلاف" از افزودن پسوند "اف" به بن واژه ساخته می شود و سپس از آن فعل سازی می شود.
هنگام شکافتن شکست و پارگی و گسستگی میان اجزاء سازنده ی چیزی به وجود می آید.

شکوه = شک + وه
مانند "قلوه" و "شیوه" با افزودن "وه" به بن واژه ساخته می شود.
شکوه به نوعی گسستگی از وضعیت موجود اشاره دارد و به بیانی دیگر شکوه کننده می خواهد شرایط موجود را بشکند و از آن بگسلد.

شکایت = شک + ا + ی + ت
مانند "هدایت" و "سرایت" ساخته می شود و مانند "شکوه" بیانگر گسستن از وضع موجود است.

- **شِل** : پرتاب کردن

شلیک – شلنگ – شلاق – شلنگ تخته

شلیک = شِل + یک

مانند واژگان "نزدیک" و "تاریک" با افزودن پسوند "یک" به آخر واژه ساخته می
شود و به معنای پرتاب گلوله به وسیله ی تفنگ است و تشدید روی "ل" که در
محاوره جا افتاده است نیز به خوبی حس ضربه زدن و پرتاب کردن را تداعی می
کند.

شلنگ = شِل + اَنگ
مانند واژگان "تلنگ"، "تفنگ" و "فلنگ" با افزودن پسوند "اَنگ" به بن واژه
ساخته می شود و به این علت که شلنگ وسیله ای است که آب را پرتاب می کند
از این بن واژه برای ساختن آن استفاده شده است.

شلاق = شِل + اق
شلاق تازیانه ای است که سر آن را به سوی کسی که شکنجه اش می کنند پرتاب
می کنند و به او ضربه می زنند.

شلنگ تخته = شل + انگ + تخته
شلنگ در واقع به معنای هر آن چیزی است که در آن پرتاب کردن وجود دارد و
شلنگ تخته در واقع به پرتاب کردن پا به اطراف اشاره دارد.

• **شِی** : گرایش، تمایل

شیدا – شیوه – شیب – شیفتن – شیعه – شیطان

شیدا = شِی + دا
این واژه از دو بن واژه ی "شِی" و "دا" ساخته شده است و به معنای کسی است
که دارای گرایش و تمایل به چیزی است که همان معنای عاشق را می دهد.

شیوه = شِی + وه
گرایشی است که انسان آن را در کار خود دنبال می کند.

شیب = شِی + ب
گرایش یک سطح به سوی خاصی را گویند.

شیفتن = شیبیدن = شی + ب + ید + ن
مصدر ساخته شده از واژه ی "شیب" هست و برای اختصار به "شیفتن" تغییر
شکل داده شده است و معنای آن "ایجاد گرایش و تمایل کردن در شخصی" است.

شیعه = شی + عه
به معنای دارای گرایش بودن و از آن پیروی کردن است و مانند واژگان "قرعه" و "جمعه" ساخته می شود.

شیطان =شِی + ت + ان
موجودی که در انسان ایجاد تمایل می کند و انسان را به پیروی از خود وا می دارد.

● **شی** : درونمایه

شیر- شیره - شیرین – شیراز – شیرازه – شیله

شیر= شی + ر
درونمایه و عصاره ی وجود پستانداران که در بدن جنس ماده ساخته می شود.
شیره = شی + ر + ه
عصاره و درونمایه ی هر چیز را گویند.

شیرین = شی + ر+ ین
اشاره به گوارا بودن و شیرین بودن شیر و شیره دارد.

شیراز = شی + ر+ از
با افزودن "از" به شیر معنای آن به تفصیل کشیده شده است و معنا ی آن "دارای درونمایه ی پر و استوار" می شود که معنای "مستحکم" را در خود دارد.

شیرازه = شی + ر+ از + ه
با افزودن "ه" به "شیراز" از آن اسم تازه ای به معنای "آنچه باعث داشتن درونمایه ای پر و استوار است" ساخته می شود و در عبارت کوتاه معنای آن می شود : "انسجام دهنده" و "مستحکم کننده".

شیله = شی + له
که در عبارت "بی شیله پیله" کاربرد دارد و معمولاً جداگانه استفاده نمی شود و به معنای درون و درونمایه است. برای مثال وقتی گفته می شود شخصی بی شیله پیله است به معنای آن است که آن شخص تو و بیرون ندارد و شفاف و بی غل و غش است. در واقع پیله به معنای بیرون، دور و پوسته و شیله به معنای تو و درون است.

• **غا** : چهارچوب، دارای حد و مرز معین

قاب ـ قامت ـ قالب ـ قانون ـ قاموس

قاب = غا + ب
به چهارچوب گفته می شود که دارای حدود تعیین شده است مانند قاب عکس.

قامت = غا + م + ت
به چهارچوب و حد و مرز پیکر یک شخص گفته می شود.

قالب = غا + ل + ب
چهارچوبی که در آن چیزی را شکل می دهند مانند قالب ریخته گری.

قانون =غا + ن + اون
درست مانند واژه ی "کانون" ساخته می شود یعنی ابتدا به آن حرف "ن" افزوده می شود و سپس مثل "کانون"، "درون"، "برون" به آن پسوند "اون" افزوده می شود و از نظر معنایی هم به چهارچوب و حد و مرزی گفته می شود که برای رفتار انسان ها تعیین می شود.

قاموس = غا + م + وس
مانند واژه ی "ناموس" ساخته می شود و از نظر معنایی هم به چهارچوب سرشت و ذات آدم اشاره دارد.
البته احتمال عربی بودن هم وجود دارد.

• **غَب** : متراکم و نزدیک به هم

غَبغَب ـ قبض ـ قبر ـ قبول ـ قبیله ـغبطه

غَبغَب = غَب + غَب
از دوبار تکرار بن واژه ساخته شده است و به چربی متراکم شده و فشرده شده ی زیر چانه اطلاق می شود.

قبض = غَب + ز
به معنای متراکم شدن و فشرده شدن است که عرب ها از آن منقبض را ساخته اند.

قبر = غَب + ر
از آنجا که قبرها گودال های کوچک و تنگی هستند که کنار هم و با فاصله ی کم کنده می شوند و متراکم هستند از این بن واژه برای ساختن واژه ی آنها استفاده شده است.

قبول = غَب + ول
از آنجا که هنگام قبول چیزی انسان نظر خود را اجباراً به آن نزدیک می کند و این کار با گونه ای حس فشردگی و تراکم همراه است از این بن واژه استفاده شده است. از نظر واژه سازی مانند واژه ی "افول" ساخته می شود.

قبیله = غب + ی + له
به گروهی از انسان ها که نزدیک هم و متراکم زندگی می کنند اطلاق می شود. از نظر واژه سازی مانند وسیله ساخته می شود.

غبطه = غَب + ته
درست مانند "سلطه" با افزودن "ته" به بن واژه ساخته می شود.
هنگام غبطه خوردن به انسان حس حسرتی دست می دهد که باعث می شود انسان در خود فرو رفته و یک حالت جمع شدن در خود و فشردگی به او دست دهد و از این رو در امتداد خط معنایی بن واژه قرار می گیرد.

- **غَر** : فرو رفتن، تو رفتن

غربال – غرق – غرب – غریب – غریبه – قرار – غریزه

غربال = غَر + ب + آل
معنی: صافی، الک
چیزهایی که در غربال، غربال و یا صاف می شوند درون سوراخ های آن فرو می روند و از این رو از این بن واژه استفاده شده است.

غرق = غَر + ق
پسوند "ق" یا "غ" همانطور که پیشتر گفته شد به حد نهایت یک مفهوم اشاره می کند پس "غرق" به معنی "نهایت فرو رفتگی" می باشد.

غرب = غَر + ب
جایی که خورشید در آن فرو می رود.

غریب = غَر + یب

انسان غریب حس تنهایی می کند و در خویش فرو می رود بنابراین می توان گفت خط معنایی بن واژه دنبال شده است.

مانند واژگان "نشیب" و "صلیب" ساخته می شود.

غریبه = غَر + یب + ه

با افزودن "ه" از "غریب" واژه ای دیگر ساخته می شود.

قرار = غَر + ار

ممکن است خط معنایی این باشد که وقتی انسان در خود فرو می رود یعنی در واقع آرامش می یابد و همچنین وقتی چیزی در جایی فرو می رود یعنی در آنجا آرام می گیرد ولی احتمال عربی بودن هم می رود.

غریزه = غر + یز + ه

درست مانند واژه ی " آمیزه" ساخته می شود و از نظر معنایی به خصوصیاتی اشاره دارد که در سرشت انسان و دیگر جانوران فرو رفته و گویا در آن ها کاشته شده است و قابل جدایی از آنها نیست.

غرص = غَر + س

به معنای "کاشتن" است.

این واژه در پارسی امروز کاربرد چندانی ندارد ولی به دلیل اشاره ی مستقیم در معنا به فرو کردن و تو رفتن می تواند پارسی باشد.

- **غُر** : بیرون زدگی

غُر ـ قراضه ـ غُرور ـ قرعه ـ قُرت ـ غرفه ـ قربان ـ غُریدن ـ غرمبیدن ـ قریش ـ قرآن

غُر

بن واژه ی غُر به معنی "بیرون زدگی از یک سطح صاف" در پارسی کاربرد دارد پس می توان گفت در واقع بن واژه های "غُر" و "سا" دارای معناهای متضاد می باشند. همچنین در ترکیب هایی چون "غر زدن" و "غرغر کردن"، "غر" به معنی نق زدن به کار میرود ولی حتی در این معنای دوم نیز دارای همان معنای اصلی است زیرا هنگامی که کسی غُر می زند در واقع یک نوع بیرون زدگی و شکایت از وضعیت موجود را به نمایش می گذارد.

قُراضه = غر + از + ه
به معنای به تفصیل کشیدن بیرون زدگی و غُر بودن است و آنچه غُر شدگی شدید
و بسیار دارد.

غُرور = غُر + ور
مانند واژه های "مزدور" و "صبور" از افزودن پسوند "ور" به بن واژه ی "غُر"
ساخته می شود و به معنای داشتن حس تفاوت و برتری و بیرون زدگی نسبت به
دیگران است.

قرعه = غر + عه
مانند واژگان "جمعه" و "شیعه" با افزودن پسوند "عه" به بن واژه ساخته می شود
و به معنای آن چیزی است که باعث بیرون زدگی و برجسته شدن شخصی از
میان بقیه ی جمع می شود چرا که وقتی قرعه به نام کسی می افتد در واقع آن
شخص از بقیه ی جمع متمایز می شود.
باید دانست که "ع" و یا همزه ی میان واژه ای لزوماً ویژه ی واژگان عربی
نیست و در واژگان پارسی نیز کاربرد دارد اما نه به صورت مجزوم مثل واژه ی
"طعم".

قُرت = غُر + ت
"غُرت دادن" یا "قورت دادن" به فرو دادن غذا گفته می شود و علت آن نیز برون
زدن و برجستن گلو هنگام فرو دادن غذا است. شکل درست آن همان "غُرت
دادن" است و برای راحتی گفتار در محاوره به شکل "قورت دادن" درآمده است.

غرفه = غُر + فه
مانند واژه ی "سرفه" با افزودن پسوند "فه" به بن واژه ساخته می شود و به معنای
اتاقکی است که از سطحی یک دست بیرون زده است.

قربان = غر + بان
پسوند "بان" به معنای حفاظت کردن و دفاع کردن است پس قربان به معنای
حفاظت از "غُر" می شود و در واقع به معنای حفاظت از کسی است که در میان
جمع برجسته شده و قرعه به نامش افتاده است تا برای خدایان قربانی شود که
اشاره دارد به سنتی بسیار قدیمی که نزد برخی اقوام و قبیله ها رایج بود و انسانی
را برای خدایان می کشتند و فدا می کردند و انسان های عاقل تری پیدا شدند و
پیشنهاد دادند که جای انسان، حیوانی را بکشند و نام این کار شد قربانی کردن
چون در واقع با این کار از جان "غُر" و یا آن انسانی قرعه به نامش افتاده بود تا
فدا شود حفاظت می کردند.

غریدن = غر + اید + ن

فعل ساخته شده از بن واژه ی "غُر" می باشد و به معنای ایجاد صدا به گونه ای است که مانند صدای صاف نیست و برجستگی ها و بیرون زدگی هایی نسبت به یک صدای عادی و صاف دارد و به همین علت از این بن واژه برای آن استفاده شده است.

غرمبیدن = غُر + مب + ید + ن

فعل ساخته شده از بن واژه ی "غُر" است مانند "غرّیدن"، فقط به صدایی مهیب تر در قیاس با "غرّیدن" اشاره می کند و به صدای صاعقه اطلاق می شود.

قریش = غُر + یش

نام قبیله ای از عرب های عربستان بود که تبار و ریشه ای ایرانی داشتند. این قبیله متشکل از کسانی بود که از همگونی (سا) و نظم دیکته شده ی زمان ساسانی خسته شده بودند و به عربستان مهاجرت کرده بودند چرا که عربستان در آن زمان از محدوده ی حکومت ساسانیان خارج بود و ساسانیان روی آن سلطه ی خود را اعمال نمی کردند و به عبارتی بیابان خشک و غیر قابل کشتی بود که برای ساسانیان اهمیتی نداشت و آن را به حال خود رها کرده بودند و در واقع در آنجا حکومت و قانونی حکمفرما نبود و تنها بادیه نشینانی به صورت پراکنده در آن می زیستند و از این روی پناهگاه امنی برای مخالفان ساسانی و کسانی که می خواستند از دیکتاتوری آنها و دخالت موبدان زرتشتی در زندگیشان بگریزند شده بود. در واقع قریش مخالفان حکومت ساسانی بودند و از آنجا که معنای بن واژه ی "غُر" (بیرون زدگی) متضاد معنای بن واژه ی "سا" (همگونی و یک دستی) که اسم ساسانیان از آن ساخته شده است، می باشد این بن واژه را برای نام خود برگزیدند. از نظر پسوندی هم که به انتهای آن افزوده شده است درست مانند واژه ی قُمیش (نام شهری است در خوزستان) می باشد که از قُم به همراه پسوند "ایش" تشکیل شده است. نمونه های دیگری از کاربرد پسوند "ایش" نظیر واژه ی "پریش" (که فعل پریشیدن و قید پریشان از آن ساخته می شود) وجود دارد. واژه ی قَمیش نیز نمونه ی دیگر آن است که در ترکیب "قر و قَمیش" کاربرد دارد. پسوند "یش" برای نسبت دادن چیزی به یک معنا کاربرد دارد مثلاً "قریش" به معنای منسوب به "غُر" است. باید توجه داشت که این پسوند به هر دو صورت "ایش" و "اِیش" تلفظ می گردد.

قرآن = غُر + آن

واژه ی قرآن از دو بن واژه ی "غُر" و "آن" تشکیل می شود. بن واژه ی "آن" به معنای "تعلق داشتن" است مانند وقتی که می گوییم "از آن کیست؟" یعنی "متعلق به کیست؟". همچنین به این علت از بن واژه ی "غُر" استفاده شده است که قرآن

کتاب قریش و به ویژه تمام ایرانیانی است که با ساسانیان و نظم ایجاد شده توسط آنها مخالف بودند. همانطور که قبلاً گفته شد "غُر" و "سا" دارای معناهای متضاد هم هستند و بنابراین قرآن به معنای "متعلق به مخالفان ساسانی" می باشد.

• **غِس** : بخش

قسم ــ قسمت ــ قسط

قِسم = قِس + م
معمولاً به معنای "گونه" به کار می رود ولی معنای "بخش" را نیز در خود دارد مثلاً وقتی گفته می شود "به چند قسم است" می توان آن را به صورت "به چند گونه است" و یا "به چند بخش است" معنا کرد.

قسمت = قِس + م + ت
با افزودن حرف "ت" به قسم یک واژه ی جدید ساخته می شود که به همان معنای بخش است.

قسط = قس + ط
بخش های قسمت بندی شده ی یک وجه پرداختی را گویند.

• **غَل** : دور، محیط

قَل خوردن ــ غلتیدن ــ غلاف ــ قلاویز ــ غَلَفتی ــ غلّه

قَل خوردن = غَل + خوردن
فعل مرکبی است به معنی روی محیط و دور خود چرخیدن و حرکت کردن.

غلتیدن = غل + ت + ید + ن
به حرکت و چرخیدن چیزی روی محیط خود گفته می شود.

غلاف = غَل + اف
مانند واژگان "کلاف" و "خلاف" ساخته می شود و به پوسته و پوششی گفته می شود که پیرامون و محیط چیزی را فرا می گیرد مانند غلاف شمشیر.

قلاویز = غَل + آویز

آنچه به دور و محیط چیزی می آویزد و به وسیله ای اطلاق می شود که به واسطه ی آن در سوراخ بدنه ی فلزی اجسام دندانه ی پیچ ایجاد می کنند.

غلفتی = غل + اِفت + ی
به معنای "درست از دور چیزی" است مثلاً "پوست را غلفتی کندن" به معنای "کاملاً پوست را از دور گوشت جدا کردن" می باشد.
مانند واژه ی "چلفتی" در ترکیب "دست و پا چلفتی" ساخته می شود.

غلّه = غل + ه
به نظر می رسد به علت آن که غلات دارای غلاف و پوسته ای دور خود هستند به آنها این نام را داده اند.

● غُل : زنجیر، متصل به هم، همسان

غُل ــ غُلف (قُفل) ــ قلّاب ــ غلام ــ قلّک ــ قلوه ــ دوقلو

غُل
معنی : بند و زنجیر

غُلف (قفل) = غُل + ف
شکل درست واژه ی قفل است به معنای آنچه چیزی را به وسیله ی آن چفت می کنند و می بندند.

قلّاب = غُل + اب
آنچه ماهی را به دام می اندازد و به آن غُلف (قفل) شده و آن را گرفتار می کند.

غُلام = غُل + ام
معنی : خدمتگزار
آن کس که متعلق به کسی و در خدمت او است و مانند آن است که به غل و زنجیر کشیده شده است.

قلّک = غُل + ک
آنچه در آن پول اندوزند و در آن را غلف (قفل) کنند و ببندند.

قلوه = غل + وه
کلیه های انسان که دو عدد و همسان هم هستند.

دوقلو = دو + غُل + و
دو بچه که با هم زاده می شوند طوری که گویا به هم متصل هستند.

• **غَم** : نوعی عشوه و حالت خاص صورت و بدن، اندوه

غم – غمزه – قمیش – قمبیله

غَم
خود بن واژه است که به معنای اندوه کاربرد دارد و به نظر می رسد که این معنا را به صورت مجازی به خود گرفته است و در ابتدا به نوع خاص حالت صورت و بدن هنگام اندوه اشاره داشته است و با گذشت زمان مجازاً معنای خود اندوه را به خود گرفته است.

غمزه = غم + زه
مانند واژه ی "هرزه" با افزودن پسوند "زه" به بن واژه ساخته می شود و به معنای نوعی حالت و عشوه ی خاص است.

قمیش = غم + یش
مانند واژگان "پریش" و "قریش" با افزودن "یش" به بن واژه ساخته می شود و به معنای حالت و عشوه ای خاص است و به صورت ترکیب "قر و قمیش" هم کاربرد دارد.

قمبیله = غم + ب + ی + له
ابتدا به آن پسوند "ب" افزوده می شود و باقی واژه مانند واژگان "قبیله" و "وسیله" ساخته می شود و باز هم به نوعی عشوه و حالت خاص صورت و بدن اشاره دارد و در ترکیب "قر و قمبیله" کاربرد دارد.

• **غُم** : انباشته شدن یا انباشته کردن در یک جا

قُم – قمقمه – قمار – قماش – قمپز – قمیش

قُم
نام استان و شهری در ایران است.
واژه ی "قوم" هم به نظر در واقع همین "قُم" هست که در محاوره برای تاکید بیشتر به شکل متفاوتی بیان می شود چرا که "قوم" در واقع به تعدادی از انسان ها که در یک جا تجمع می کنند گفته می شود.

قمقمه = قُم + قم + ه
به وسیله ی انباشتن آب اطلاق می شود و از نظر ساختار مانند واژه ی "سُکسُکه" است.

قمار = قم + ار
هنگام قمار همه ی سرمایه و پول یک جا تجمع می کند و انباشته میشود و شخص برنده همه را می برد و یک انباشتگی مال و سرمایه وجود دارد.

قماش = قم + اش
به گروه و دسته ای از مردم که در یک جا تجمع کنند گفته می شود. مانند واژگان "تلاش" و "تراش" ساخته می شود.

قمپز = قم + پو+ ز
واژه ی "پُز" (پوز) به معنای فخر فروشی توخالی است و "قُم" در واقع به تجمع مقدار زیادی از آن در یک فرد اشاره دارد.

قمیش = قم + یش
نام شهری در خوزستان است که نظیر واژه ی "قریش" ساخته می شود.

- **غُو** : آنچه سبب قدرت است

قوی – قوه – قوت – قوام

در اینکه بن واژه در اصل "غَو" بوده یا "غُو" تردید هست ولی در اینجا "غُو" در نظر گرفته شده است.

قوی = غُو + ی
منسوب به "غُو" است که به معنای قدرتمند می شود.

قوه = غُو + ه
به معنای آن چیزی است که سبب قدرت می شود.

قوت = غُو + ت
به بنیه و قدرت گفته می شود است.

قوام = غُو + ام

مانند "پیام" و "سلام" از افزودن پسوند "ام" به بن واژه ساخته می شود و به معنای چیزی است که سبب قدرت و انسجام می شود.

- **غَه** : دور از دسترس

قحط – قهر – قهرمان – قهوه

قحط = قَه + ت
هنگامی که چیزی قحط می شود در واقع دور از دسترس قرار می گیرد.

قهر = قه + ر
هنگامی که کسی قهر می کند خود را نمایان نمی کند و در واقع دور از دسترس دیگران قرار می گیرد.

قهرمان = قه + ر + مان
رتبه ای که دور از دسترس است و کمتر کسی به آن دست می یابد.

قهوه = قه + وه
از آنجا که قهوه میوه ای بوده که در جاهای دور از دسترس می رُسته و کمیاب بوده است از این بن واژه در ساختن واژه ی آن استفاده شده است.

- **غِی** : جز خود، غیر

قِی – غِیر – غیرت – قیاس

قِی
هم به معنای استفراغ و هم قی چشم است و در واقع مفهوم آن "چیزی غیر از خود است" که بیرون انداخته و پس زده می شود و از آن فعل مرکب "قی کردن" نیز وجود دارد.

غیر = قِی + ر
آنچه جز خود است.

غیرت = قی + ر + ت
با افزودن پسوند یا حرف "ت" به واژه ی "غیر" یک اسم تازه ساخته می شود به معنای "حسی که کسی به غیر از خود دارد".

قیاس = قی + اس
هنگام قیاس یک چیز با دیگری به غیر از آن چیز بسیار رجوع می شود و در واقع در عمل قیاس رجوع به غیر برای سنجش چیزی بسیار انجام می گیرد و از همین رو واژه از افزودن "اس" به بن واژه ی "قی" ساخته می شود.

• فَت : باز شدن، گشودن

فتح ــ فتق ــ فتیله ــ فتوا

فتح = فت + ه
به معنای گشودن، باز کردن و مجازاً به معنای پیروز شدن و چیره شدن است.

فتق = فَت + ق
"فتق" به معنای نهایت گشایش و گشوده شدن است. به نوعی عارضه هم گفته می شود که البته احتمال دارد شکل درست واژه در این معنا "فَتخ" باشد.

فتیله = فت + ی + له
قسمتی از چراغ نفتی که می سوزد و آتش از آن گشوده می شود و برای دادن نور و حرارت بیشتر می توان آن را بازتر کرد.

فتوا = فت + وا
دستوری که یک مجتهد صادر می کند و باعث باز شدن و گشوده شدن گره یک مشکل فقهی یا اجتماعی می گردد و از نظر واژه سازی مانند واژه ی "رسوا" است.

• فَر : فرا بودن، فرا رفتن

فرا ــ فراز ــ فرض ــ فرط ــ فره ــ فرق ــ فراغ ــ فراخ ــ فرار ــ فراموش

فرا = فر + ا
به معنای بیشتر و بالاتر است.

فراز = فر + از
به معنای بلندی است.

فرض = فر + ز

آنچه فراتر از واقعیت است.

فرط = فر + ت
به معنای فراتر رفتن و زیاد بودن است.

فره = فر + ه
فرایی و فرادستی ای که توجه خاص پروردگار برای انسان به همراه دارد.

فرق = فر + ق
به تفاوت گفته می شود که نهایت فراتر بودن دو چیز نسبت به هم است.

فراغ = فر + اغ
به معنای فرا ی همه چیز بودن و آسودگی است و مانند واژه ی "سُراغ" ساخته می شود.

فراخ = فر + اخ
به جایی گفته می شود که فرای محدودیت است و در واقع پهناور است.

فرار = فر + ار
به معنای گریز است و معنای فراتر رفتن را در خود دارد زیرا برای گریز از چیزی باید بتوان از آن فراتر رفت. البته احتمال عربی بودن هم کاملاً منتفی نیست.

فراموش = فر + ام + وش
ابتدا واژه ی "فرام" از "فر" ساخته می شود و سپس پسوند "وش" به آن افزوده می شود به معنای "آنچه فراتر از یاد و خاطره است" می شود.
به عنوان نمونه های دیگری از کاربرد پسوند "اوش" می توان به "خاموش" و "سروش" اشاره کرد.

- **فَق** : کمبود، نبود

فقر ــ فقدان ــ فقیه ـ فقط

فقر = فَق + ر
دچار کمبود و نداری بودن را گویند. فقیر هم به نظر ساختاری عربی از همین واژه است. البته که در پارسی نیز می توان "فقیر" را مانند "دلیر" با افزودن

پسوند "یر" به بن واژه ساخت اما اصولاً در پارسی وقتی پسوندها تغییر می کنند واژگان ساخته شده به واقعیت های جداگانه ای اشاره می کنند ولی احتمال پارسی بودن آن هم وجود دارد.

فقدان = فق + د + ان
به معنای نبودن است و به چیزی یا کسی که دیگر نیست و حضور ندارد اشاره می کند.

فقیه = فَق + یه
درست مانند واژه ی "کریه" ساخته می شود و به نظر می رسد از آنجا که فقیهان از اقشار کم بضاعت جامعه بودند از این بن واژه در ساخت این واژه استفاده شده است.

فقط = فق + ت
این واژه هم در ژرفای معنای خود به نوعی نبود و کمبود اشاره می کند با این تفاوت که به نحوی استثنا قائل می شود و به نظر می رسد از همین بن واژه باشد.

• فَل : عمده، بلند

فلّه ــ فلات ــ فلسفه

فلّه = فَل + ه
درست مانند "پلّه" با افزودن حرف "ه" به بن واژه ساخته می شود و به معنای "عمده" است.

فلات = فَل + ات
به سرزمینی که دارای ارتفاع بلند است اطلاق می شود.

فلسفه = فَل + س + فه
آنچه تکرار نگاه عمده و عمده بررسی کردن پدیده ها در آن وجود دارد که بسیار با معنای فلسفه همخوان است زیرا در فلسفه همه چیز با نگاه عمده و از بالا بررسی می شود.

• فِل : آنچه دارای چرخش و گردش است

فلک ــ فلکه ــ چرخ و فلک ــ فلاخن ــ فلنگ

فلک = فل + ک
به معنای آسمان است و از آنجا که در قدیم می پنداشتند آسمان در حال چرخیدن است از این بن واژه برای ساختن واژه ی آن بهره جسته اند.

فلکه = فل +که
به میدان اطلاق می شود از آنجا که میدان دایره ای شکل است و دارای گردش و چرخش است. همچنین به شیر آب و گاز و یا نظیر آنها نیز گفته می شود و این به دلیل وجود همان عمل چرخش و گردش در آنها است.

چرخ و فلک = چرخ + فل + ک
به علت وجود چرخش در چرخ فلک از این بن واژه برای آن استفاده شده است.

فلاخن = فل + اخ + ن
به تیرکمان هایی گفته می شود که سنگ را در آنها میگذارند و محکم می چرخانند تا سنگ به سرعت کافی برسد و بعد آن را پرتاب می کنند و به دلیل همین عمل چرخش از این بن واژه در ساختن آن استفاده شده است.

فلنگ = فل +اَنگ
در ترکیب "فلنگ را بست" کاربرد دارد و به نظر به این اشاره دارد که کسی یکباره می چرخد، مسیر خود را عوض می کند و فرار می کند.

- **کِر** : جفت و جور

کر – کرکره – کرایه

کر
در گفتار روزانه برخی اوقات از این بن واژه به صورت مجزا استفاده می شود مثلاً گفته می شود "فلانی کر خودت است" که به معنای آن است که "فلانی با تو جفت و جور است".

کرکره = کر + کر + ه
مثلاً در ترکیب "پرده کرکره" کاربرد دارد و به معنای پرده هایی است که از قسمت های مجزایی تشکیل شده اند که به هم جفت و جور می شوند و روی هم قرارگرفته و باز و بسته می شوند.

کرایه = کر + ا + یه

به معنای مبلغی است که با میزان بدهی و هزینه ای که برای کاری در نظر گرفته می شود کاملاً جفت و جور است و به شخص طلبکار پرداخت می شود.
البته به نظر می رسد "کر" به معنای نوعی رفتار و حرکت خاص نیز وجود دارد چنانکه استفاده از آن در واژگان پارسی "کرم" و "کرشمه" به چشم می خورد.

• کِن : گوشه

کنار ـ کنایه ـ کنس ـ کنف

کنار = کِن + ار
به معنای گوشه است و همان معنای بن واژه را دارد.

کنایه = کن + ا + یه
کنایه حرفی است که مستقیم گفته نمی شود به آن گوشه هم گفته می شود.

کِنس = کن + س
به معنای خسیس است و به رفتار انسان خسیس در جمع اشاره دارد چرا که انسان خسیس برای گریز از خرج کردن معمولاً خود را همه جا در جمع کنار می کشد و در واقع گوشه و کنار را به میانه ی میدان بر می گزیند.

کِنف = کن + ف
کسی که تمسخر او در جمع یا هر اتفاق دیگری باعث شود او و به اصطلاح حالش گرفته شود و خود را از جمع عقب بکشد و گوشه گیر شود.

• کِی : بزرگ، شکوهمند

کیان ـ کیهان ـ کیاست ـ کیارش

کیان = کِی + ان
به ناموس و آنچه باعث بزرگی و آبرو است گفته می شود.

کیهان = کِی + ه + ان
به معنای جهان هستی است.

کیاست = کِی + اس + ت

به معنای بزرگی است و طرز ساخت آن دقیقاً مانند واژه ی "سیاست" است.

کیارش= کی + آرش
نامی به معنای "آرش بزرگ" است.
کی در ابتدای نام های دیگری مانند کیخسرو و کیکاووس متداول است.

• **کی** : غلظت، انباشتگی

کینه – کیف – کیسه – کیله – کیمیا

کینه : کی + نه
کینه در معنا اشاره ی مستقیمی به غلظت و انباشتگی دارد از آنجا که کینه حسی است که در سینه انباشته می شود و امکان آن هست که مدام انباشته تر گردد.

کیف = کی + ف
وسیله ای است که چیزهای مختلف را می توان در آن انباشت.

کیسه = کی + سه
درست مانند کیف چیزی است که قابل انباشتن است.
مانند واژگان "پرسه"، کاسه" و "خلسه" ساخته می شود.

کیله = کی + له
ظرفی که آن را انباشته می کنند و به عنوان معیاری برای اندازه گیری استفاده می شود.

کیمیا = کی + م + ی + ا
دانشی است که به غلظت مواد می پردازد و غلظت مواد در آن نقش تعیین کننده دارد.

• **لَو** : انعطاف پذیر، نرم و ملایم

لواش – لواشک – لوند – لورده - لواسان – پهلوان

لواش = لو + اش

درست مانند واژگان "تراش" و "تلاش" با افزودن پسوند "اش" به بن واژه ساخته می شود و به معنای نوعی نان است که بسیار انعطاف پذیر و نرم است و می توان آن را به شکل های مختلف در آورد، لقمه کرد و پیچید.

لواشک = لو + اش + ک
به حالت لواشک اشاره دارد انعطاف پذیر و نرم است.

لوند = لو + ند
کسی که حالت، شیوه و رفتاری انعطاف پذیر، ملایم و نرم دارد.

لورده = لو + ر + د + ه
در ترکیب "له و لورده" کاربرد دارد و به معنای نرم است بنابراین چیزی را له و لورده کردن به معنای له و نرم کردن است.

پهلوان = پَه + لو + ان
این واژه از دو بن واژه ی "پَه" و "لَو" و پسوند "ان" تشکیل شده است. بن واژه ی "پَه" به معنای پهن و پهناور و بزرگ و سترگ است و بن واژه ی "لو" هم به معنای انعطاف پذیر است پس "پهلوان" به معنای کسی است که هم بزرگ و سترگ و قوی است و هم در عین حال دارای انعطاف و نرم خویی است که همانطور که دیده می شود به زیبایی هرچه تمام تر تمامی صفاتی که از یک پهلوان انتظار می رود را در معنای خود جمع کرده است.

- **مَت** : گفته، سخن

متل – متلک – متن – مطلب

مَتل = مَت + ل
به معنای قصه و افسانه است که در واقع همان معنای گفته و سخن را دارد با این تفاوت که با افزودن "ل" معنای آن ویژه تر شده و به نوع خاصی از سخن که داستان یا افسانه است اطلاق می شود. البته امروزه این واژه کاربرد چندانی ندارد و فقط در شعر "اتل مَتل توتوله" به چشم می خورد که به نظر واژه ی "اَتل" در آن از بن واژه ی "ات" به معنای پیشرونده و متغیر (همان گونه که روی پاها می زنند و یکی یکی به پیش می روند) و "متل" هم به معنای قصه از همین بن واژه ی "مَت" است.

مَتلک = مت + ل + ک

۸۸

با افزودن "کـ" به مَتل معنا باز هم اختصاصی تر شده و نهایتاً "متلک" به سخن طعنه آمیز گفته می شود.

متن = مت + ن
با افزودن "ن" به بن واژه معنا باز کمی تغییر می کند و "متن" به محتوای سخن و یا نوشته اشاره می کند ولی در ژرفای خود همچنان معنای سخن و گفته را دارد که البته در محاوره عمدتاً معنای سخن مکتوب را به خود گرفته است.

مطلب = مت + ل + ب
با افزودن "ب" به "متل" ساخته می شود و با این کار باز معنا کمی متفاوت می شود بنابراین "مطلب" به طور ویژه به موضوعات مورد بحث اشاره می کند.
از نظر واژه سازی مشابه واژه ی "قالب" است.

- **مَج** : غیر واقعی

مَجاز – آجی مَجی – مَجنون

مجاز : مَج + از
عالم غیر واقعی را گویند.

اجی مجی = اَج + ی + مج + ی
لفظی است که هنگام شعبه بازی گفته می شود و در آن "اجی" (منسوب به "اَج") به معنای عجیب و "مجی" (منسوب به "مج") به معنای غیر واقعی است.

مجنون = مَج + ن + ون
ابتدا با افزودن حرف "ن" به "مَج" واژه ی "مَجن" ساخته می شود و سپس با افزودن پسوند "ون" مانند واژگان "درون" و "برون"، "مجنون" ساخته می شود و به معنای کسی است که غیر واقعی می بیند و به بیانی دیوانه است. البته احتمال عربی بودن هم وجود دارد.

- **مَر** : مرز

مرز – مرگ – مرد – مریم – مرجان – مرام - دمر

مرز = مَر + ز
به معنای حد و مرز است و دقیقاً همان معنای بن واژه را دارد.

مرگ = مَر + گ

از آنجا که "مرگ" مرز میان بودن و نبودن است از این بن واژه ساخته شده است.

مرد = مر + د

مردها در قدیم در مرز خانواده ها قرار داشتند یعنی زن و فرزندان را در میان می گرفتند و از آنها مقابل خطرات دفاع می کردند و کلّاً مانند مرزی بین خانواده و خطرات بیرونی بودند. همچنین کار شکار را که کاری مرزی بود و با مرگ سر و کار داشت بر عهده داشتند.

مریم = مر + ی + م

آن که حضرت مریم بدون نزدیکی با مردی صاحب فرزند شد نشان می دهد که او به عنوان یک زن دارای خصلت مردانه نیز بوده است که این برای زنان یک خصلت غیر متعارف و مرزی محسوب می شود و از این رو از این بن واژه برای این اسم استفاده شده است.

مرجان = مر + ج + ان

از آنجا که مرجان ها در مرز میان آب و خشکی می رویند از این بن واژه برای نام آنها استفاده شده است.

مرام = مر + ام

"مرام" چهارچوب و مرزهای رفتاری یک شخص یا گروه را تعیین می کند و از این رو از این بن واژه ساخته شده است.

دَمر= دِ + مَر

این واژه از افزودن پیشوند "دِ" یا همان "دی" به بن واژه ساخته می شود. پیشوند "دی" در واژگانی چون "دیروز"، "دیشب" و "دیگر" کاربرد دارد که گاهی در گفتار مخفف شده و به شکل "دِ" درمی آید (مانند "دگر") و معنای "دیگر" را در خود دارد پس واژه ی "دِمر" معنای "مرز دیگر" یا "مرز دگرگون شده و جا به جا شده" را می دهد و در تحلیل باید گفت که "مَر" به مرز بالا و پایین یک چیز اطلاق می شود (مرز یک چیز با هوا مرز بالایی و مرزی که با زمین تماس دارد مرز پایینی است) و همانطور که گفته شد "دمر" به معنای دگرگون شدن و جا به جا شدن مرز بالایی و مرز پایینی یک چیز است که همان معنای وارون شدن را می دهد.

● **مَز** : مزه، طعم

مزه – مزاق – مزاح

مزه = مَز + ه
به همان معنای بن واژه است.

مزاق = مز + اق
به معنای چشایی و آن چیزی است که با مزه سر و کار دارد.

مزاح = مز + اه
به معنی شوخی و کار یا گفته ای با مزه است.

- **مَس** : دگرگون شدن، دگرگون کردن

مست – مسخ – مسحور – مسیح

مَست = مَس + ت
حالتی که انسان را فرا می گیرد و دگرگون می کند.

مسخ = مَس + خ
حالتی که انسان را دگرگون می کند.

مسحور = مس + ه + ور
احتمال دارد "مسحور" بر خلاف آنچه تصور می شود صفت مفعولی عربی از واژه ی "سِحر" نباشد بلکه واژه ای پارسی باشد که در آن صورت ساخت آن درست مانند واژه ی "جُمهور" است یعنی ابتدا "مسه" ساخته می شود و سپس مانند واژه ی "غرور" به آن پسوند "اور" افزوده می شود.

مسیح = مَس + یه
لقب حضرت عیسی و به معنای دگرگون کننده است.

- **مَش** : آنچه از آن پیروی می شود و دنبال می شود

مَشی – مَشیت – مشق

مَشی = مش + ی

معمولاً در ترکیب "خط مشی" استفاده می شود و به معنای "آنچه از آن پیروی می شود" است.

مَشیت = مش + ی + ت
آنچه از آن پیروی می شود مانند مشیت الهی.

مشق = مَش + ق
برنامه ای تمرینی که به دانش آموزان داده می شود و باید کاملاً از آن پیروی کنند و آن را دنبال کنند.

- **مُش** : در اشتراک داشتن ، در اشتراک گذاشتن

مشت – مشا – مشترک – مشتری - مشارکت

مُشت = مُش + ت
در ظاهر شاید مرتبط با خط معنایی بن واژه دیده نشود ولی باید این گونه به موضوع نگاه کرد که مشت از با هم بودن و به اشتراک گذاشتن انگشتان دست به وجود می آید. از این دیدگاه کاملاً در راستای خط معنایی مورد نظر است.

مُشا = مُش + ا
به ملک یا مالی گفته می شود که به صورت اشتراکی مورد استفاده یا بهره برداری قرار می گیرد.

مشترک = مُش + ت + ر+ ک
ابتدا با افزودن حرف یا پسوند "ت" به بن واژه، "مُشت" ساخته می شود، سپس همانطور که واژه ی "انگشتر" از "انگشت" ساخته می شود، واژه ی "مُشتر" هم از "مشت" ساخته می شود (واژه ی "آستر" هم درست همین گونه ساخته می شود) و سپس با افزودن پسوند "ک" واژه کامل می شود.
از نظر مفهومی، "مشترک" به معنای "در اشتراک داشتن" است.
همین واژه است که به عربی رفته است و عرب ها آن را با وزن عربی مُفتَعِل مطابقت داده اند و حرف هایی از واژه که به زعم آنها اصلی بوده اند را از آن سوا کرده اند. سه حرف اصلی واژه به زعم آنها "ش"، "ر" و "ک" بوده اند بنابراین کلمه ی "شِرک" را از آن ساخته اند (همانطور که دیده می شود حروف اصلی واژه از دید آنها کاملاً با بن واژه ی پارسی متفاوت است) و سپس همین "شرک" را مطابق دستور زبان خود به وزن های دیگر برده اند و از آن کلماتی مانند "شریک"، "اشتراک" و "مشارکت" را ساخته اند و این واژگان که دارای

ساختار های عربی هستند به پارسی وارد گشته اند. بسیاری از واژگان پارسی همین گونه وارد عربی شده و تغییر شکل یافته اند.

مُشتری = مُش + ت + ر + ی
درست مانند واژه ی "مشترک" ابتدا واژه "مشتر" ساخته می شود و پس از آن به جای "ک" حرف "ی" به واژه افزوده می گردد.
از نظر خط معنایی هم باید گفت که کار خرید و فروش یک کار اشتراکی است و بدون مشارکت خریدار یا همان مشتری، فروشنده نمی تواند کاری از پیش ببرد و به دلیل همین ویژگی اشتراکی از این بن واژه در ساخت این واژه استفاده شده است. در حقیقت مشتری در کار خرید و فروش خود را با فروشنده به اشتراک می گذارد و با فروشنده مشارکت می کند.

مشارکت = مش + ار + ک + ت
گرچه که این واژه بر وزن مفاعله است و ممکن است یک ساختار عربی از واژه ی "شرک" (که خود برگرفته از پارسی است) باشد ولی هم وزنی به تنهایی چیزی را ثابت نمی کند و هر واژه ی پارسی ای که در نظر گرفته شود ممکن است مطابق وزن یکی از وزن های عربی باشد و صرفاً به این دلیل نمی توان واژه ای را عربی انگاشت بنابراین باید گفت احتمال آن که این واژه در اصل پارسی باشد زیاد است. حتی اگر گذشتگان ما این واژه را نساخته باشند این واژه طبق اصول واژه سازی پارسی کاملاً قابلیت ساخته شدن را دارد.
برای تحلیل باید گفت اکثر واژه سازی مانند واژه ی "تدارک" صورت می گیرد یعنی ابتدا پسوند "ار" (که پسوند بسیار پر کاربردی هم هست) به بن واژه افزوده می شود و از آن واژه ی "مُشار" ساخته می شود (مانند واژگان "مهار"، "فشار" و "آوار" همچنین "تدار" در "تدارک") و سپس به آن حرف "ک" افزوده می شود درست همانگونه که در واژه ی "تدارک" دیده می شود و نهایتاً، واژه با افزودن حرف "ت" ختم می شود، مانند واژگان "ریاضت"، "سیاست" و "مهارت" و از نظر معنایی هم به "در اشتراک گذاشتن" اشاره دارد.

• **مَق** : جای، جایگاه

مقام – مقر – مغاک – مغازه - مقصد

مقام = مَق + ام
به معنای جایگاه است.

مقر = مق + ر

۹۳

به معنای محل قرارگیری است.

مغاک = مق + اک
به نظر می رسد به علت آن که گور، جایگاه بدن بی جان انسان ها است از این بن واژه ساخته شده است.

مغازه = مق + از + ه
جایی که حضور انسان ها در آن به درازا می کشد.

مقصد = مق + س + د
به معنای جایی است که حضور انسان در آن تکرار می شود و مانند واژه ی "ایزد" با پسوند "د" ختم می شود. البته احتمال عربی بودن هم منتفی نیست.

- **مَل** : در بر گرفتن، پوشاندن

مَلافه ــ مَلاغه ــ ملات ــ ملاذ ــ ملخ ــ ملس ــ ملنگ ــ ملوان

ملافه = مل + ا + فه
پوششی که انسان را در بر می گیرد و می پوشاند.

ملاغه = مَل + ا + غه
آنچه خوراک را در بر می گیرد و با آن غذا را در ظرف می ریزند.

ملات = مل + ات
به موادی گفته می شود که سطحی را در بر می گیرند و می پوشانند به ویژه در ساختمان سازی.

ملاذ = مل + از
به معنای پناهگاه است و آنچه انسان را می پوشاند و پنهان می کند. البته احتمال عربی بودن هم وجود دارد.

ملخ = مل + خ
از آنجا که ملخ ها عموماً در دسته های بزرگ به محصولات و زمین های کشاورزی حمله می کنند و کل زمین را می پوشانند و در بر می گیرند نام آنها را از این بن واژه ساخته اند و حرف "خ" در انتهای واژه نیز، مخرب بودن این آفت را به خوبی تداعی می کند.

ملس = مل + س
حالت یا مزه ای که هر دو سوی طیف را در بر می گیرد. در مزه به معنای در
بر گیرنده ی ترش و شیرین و در حرارت به معنای در بر گیرنده ی سرد و گرم
است.

ملنگ = مل + آنگ
حالت مستی و سرخوشی که انسان را در بر می گیرد.

ملوان = مله + وان
پسوند "وان" همان " بان" به معنای نگهداری کننده و دفاع کننده است. واژه ی
"مله" به معنای قایق است یعنی آنچه انسان را در آب در بر می گیرد پس ملوان به
معنای " کسی که از قایق نگهداری می کند و آن را کنترل می کند" می شود.

- **مَن** : میان دو چیز قرار گرفتن و فشرده شدن

منگ ـ منگنه ـ منگنیق ـ منوط

منگ = مَن + گ
حالتی است مانند سردرد که زمانی که رخ می دهد مانند آن است که سر، میان دو
چیز فشرده می شود.

منگنه = مَن + گ + نه
وسیله ای است که برگ های کاغذ میان دو زبانه ی آن قرار گرفته و فشرده می
شوند تا به هم متصل گردند.

منگنیق = من + گ + ن + یق
شکل درست واژه ی "منجنیق" است و "منجنیق" معرّب شده ی آن است.
دستگاهی جنگی است که اهرم پرتابگر آن میان دو نیرو یا زبانه فشرده می شود و
نهایتاً با رها کردن یک زبانه، نیروی آن آزاد شده و سنگ را پرتاب می کند.

منوط = من + وت
به منگنه شدن و زیر بار فشار انجام امری دیگر قرار گرفتن گفته می شود.

- **مو** : نظم و هماهنگی

موم ـ موزون ـ موازی ـ موسیقی ـ موج ـ موبد ـ موسی

موم = مو + م

از آنجا که شکل موم که زنبور عسل می سازد بسیار منظم و هماهنگ است از این بن واژه برای ساختن آن استفاده شده است.

موزون = مو + ز + ون

به نظم و هماهنگی ای که به تفصیل کشیده شود گفته می شود و مانند واژگان "کانون" و "پیرامون"، با افزودن پسوند "اون" به انتهای واژه ساخته می شود.

موازی = مو + از + ی

ابتدا با افزودن پسوند "از"، واژه ی "مواز" که به معنای "به تفصیل کشاندن هماهنگی" است ساخته می شود و سپس با افزودن حرف "ی" از این مفهوم که حالت مصدری دارد یک صفت ساخته می شود که به معنای "منسوب به هماهنگی بسیار" و یا " بسیار هماهنگ و موزون" می باشد که بسیار با معنای "موازی" منطبق است چرا که خطوط موازی خطوطی هستند که بسیار هماهنگ و موزون با هم حرکت می کنند و یکدیگر را قطع نمی کنند و باید افزود "موازی" از نظر واژه سازی درست مانند واژه ی "ریاضی" ساخته می شود.

موسیقی = مو + س + ی + ق + ی

با افزودن حرف "س" به تکرار هماهنگی اشاره می شود و با پسوند "ق" به حد نهایت این هماهنگی اشاره می شود و در نهایت یا افزودن "ی" از مفهوم به وجود آمده یک اسم ساخته می شود که در نهایت معنای آن " منسوب به تکرار حد نهایت موزونی " می شود که همان طور که دیده می شود معنای بسیار دقیقی برای "موسیقی" است چرا که موسیقی هنری است که در آن نهایت هماهنگی و موزون بودن وجود دارد و تکرار می شود.

موبد = مو + بد

پسوند "بَد" در واژگانی مانند "هیربد" و "ارتشبد" کاربرد دارد و به کسی اطلاق می شود که مسئول چیزی است پس "موبد" به معنای "مسئول هماهنگی و نظم" می شود که این دقیقاً همان وظیفه ی موبدان در گذشته بوده است. آنها روحانیانی زرتشتی بودند که مردم و جامعه را به وسیله ی باورها و آداب و مراسم دینی هماهنگ می کردند.

موج = مو + ج

از آنجا که موج ها عموماً به صورت دسته های موازی با یکدیگر تشکیل می شوند و به یک طرف حرکت می کنند و دارای هماهنگی هستند، از این بن واژه در ساخت آن استفاده شده است.

موسی = مو + سا

در زمان هخامنشیان و پیش از آن به مصر " مودرایه" گفته می شد. علت استفاده از بن واژه ی "مو" در آن نیز آن است که مصر از نظر حکمرانی سرزمینی دارای نظم و هماهنگی زیاد بود و همچنین در مصر مرده ها را مومیایی می کردند.

موسی از دو بن واژه ی "مو" و "سا" تشکیل شده است. بن واژه ی "سا" به معنی همگون، یک دست و همسان است و بنابراین "موسی" به معنای "مانند و همسان اهل مو یا همان مودرایه" است.

- **مُه** : کنترل شدن، کنترل کردن

مهر – مهره – مهار – مهارت

مُهر = مُه + ر

هر مهری تحت کنترل شخص یا نهادی خاص است و دیگران امکان استفاده از آن را ندارند.

مُهره = مُه + ر + ه

آنچه کاملاً تحت کنترل است و از خود توانایی انجام کاری را ندارد.

مُهار = مُه + ار

به معنای کنترل است و معنای بن واژه آشکارا در خود دارد و مانند واژه ی "فشار" ساخته می شود.

مُهارت = مُه + ار + ت

با افزودن "ت" به "مُهار" یک اسم تازه ساخته می شود که معنای آن "توانایی کنترل چیزی را داشتن" است.

- **نَج** : آرام، تحت کنترل

نجوا – نجیب – نجات

نجوا = نج + وا

به زمزمه و صدایی آرام و تحت کنترل گفته می شود و مانند واژگان "فتوا"، "تقوا" و "پیشوا" ساخته می شود.

نجیب = نج + یب

به معنای انسانی با رفتار و حالاتی آرام و کنترل شده می باشد و مانند واژگان "غریب" و "عجیب" ساخته می شود.

نجات = نَج + ات

به معنای به آرامش رساندن کسی و تحت کنترل درآوردن شرایط دشوار او می باشد و مانند واژگان "فلات" و "کلات" ساخته می شود.

• **نَز**: در کنار، پیش هم

نزد – نزدیک – نظم – نظام

نزد = نَز + د

کمابیش دارای همان معنی بن واژه است و به معنی پیش و پیشگاه است.

نزدیک = نَز+ د + ایک یا نزد + ایک

با افزودن پسوند "ایک" به واژه ی "نزد" صفت "نزدیک" ساخته می شود که به معنای "آنچه در کنار است و فاصله ی کمی دارد" می باشد و از نظر واژه سازی مانند واژه ی "تاریک" است.

نظم = نز + م

به معنای در کنار هم قرار گرفتن (با ترتیبی خاص) است و دلیل استفاده از پسوند "م" در آن، آن است که حالت جمع شدگی لب ها هنگام تلفظ حرف "م" به نوعی، گرد هم آمدن و نظم و ترتیب را تداعی می کند.

نظام = نَز + آم

به معنای آرایش گرفتن در کنار هم است و مانند "سلام" و "پیام" ساخته می شود.

• **نِس** : وابستگی

نِسب - نسبت - نسبی – نثار – نسیه

نِسب = نِس + ب

"نِسب" در ترکیب "اصل و نسب" کاربرد دارد و به همان معنای وابستگی است. باید توجه کرد که این واژه در گفتار به شکل "نَسَب" درآمده است.

نسبت = نِس + ب + ت
نخست واژه ی "نِسب" به معنای وابسته از "نِس" ساخته می شود و سپس با افزودن "ت" به آن یک اسم تازه به معنای وابستگی ایجاد می شود.

نسبی = نِس + ب + ی
با افزودن حرف نسبت "ی" به واژه ی "نِسب" ساخته می شود و به معنای " به طور وابسته" است.

نثار = نِس + ار
آنچه آن را وابسته به کسی می کنند.

نسیه = نِس + یه
کالایی که در اختیار مشتری قرار دادن آن، وابسته می شود به پولی که مشتری در آینده به فروشنده پرداخت خواهد کرد.

• **نَف** : گاز ، باد

نفخ — نفس — نفیر — نفت

نفخ = نَف + خ
گازی که درون شکم جمع می شود.

نفس = نَف + س
هوایی است که درون شش ها جمع می شود و بیرون می رود.

نفیر = نَف + یر
ناله و آهی است که با تخلیه ی هوا از درون سینه همراه است.

نفت = نف + ت
به نظر می رسد به علّت آن که هنگام خروج نفت از زمین عموماً گازهایی نیز خارج می شوند، این واژه از این بن واژه ساخته شده است.

• **نَق** : دارای ماهیت معنایی منفی، نفی

این بن واژه به صورت مجزا در ترکیب "نَق زدن" کاربرد دارد که معنای آن همان "نه گفتن" و "بیان مخالفت با چیزی و نفی و نفی کردن آن" است و در واقع معنای "غُر زدن" را در خود دارد.

نقض – نقص – نقد

نقض = نق + ز
به معنای نفی ادامه دار چیزی است.

نقص = نق + س
به معنای نبودن چیزی و کمبود داشتن است.

نقد = نق + د
به معنای "نکات قابل نفی چیزی را یادآور شدن" است.

• **نی** : نبودن

نیا – نیاییدن – نیاز – نیابت

نیا = نی + ا
به معنای اجداد در گذشته است و جمع آن نیاکان است.

نیاییدن = نی + ا + ی + ید + ن
فعل ساخته شده از واژه ی "نیا" به معنای دعا کردن و راز و نیاز کردن است. به این علت که دعا کردن معمولاً برای رفتگان و نیاکان صورت می گرفته است از این واژه برای ساختن این فعل استفاده شده است.

نیاز = نی + از
معنای نبودن و کمبود، معنای اصلی واژه است.

نیابت = نی + ا + ب + ت
به معنای نمایندگی کردن از کسی در نبود و غیبت اوست.

• **وَز** : سنگینی، فشار

وزن – وزین – وزیدن – وزیر – وظیفه

وزن = وز + ن
به معنای "سنگینی" است و از آن واژه ی "وزنه" نیز ساخته شده است.

وزین = وز + این
به معنای سنگین و دارای وزن و ارزش است و گرچه که در پارسی می توان آن
را با افزودن پسوند "این" به بن واژه مانند "زرین" و "سیمین" ساخت اما این
احتمال هم وجود دارد که عرب ها آن را بر وزن "فعیل" از واژه ی پارسی
"وزن" ساخته باشند و بنابراین ممکن است ساختاری عربی باشد.

وزیدن = وز + اید + ن
هنگام وزیدن، باد ایجاد فشار و سنگینی می کند.

وزیر= وز + یر
از آنجا که وزیران نقشی عمده و اساسی در اداره ی کشور ایفا می کنند و جایگاه
بسیار خاص و ارزشمندی دارند از این بن واژه استفاده شده است و "وزیر" در
واقع کسی است که دارای وزن و ارزش بسیار است.
از نظر واژه سازی مانند واژگان "دلیر" و "نصیر" ساخته می شود.

وظیفه = وز + ی + فه
وظیفه حس مسئولیتی است که دارای سنگینی و فشار است و به همین علت از بن
واژه ی "وز" برای ساختن آن استفاده شده است.
به عنوان نمونه های دیگری از کاربرد پسوند "فه" می توان به "فلسفه"، "غرفه" و
"سرفه" اشاره کرد.

- **وَس** : میان

وسط – وسوسه – وسیله – وثیقه – وصیت – وصی

وسط = وس + ط
به معنای "میان" و "نقطه ی میانی" است.

وسوسه = وس + وس + ه
در ساختن این واژه از دو بار تکرار بن واژه استفاده شده است که به منظور تاکید
می باشد. بنابراین وسوسه به معنای حسی است که انسان را میان دو نقطه ی انجام
عمل یا عدم انجام آن قرار می دهد.

وسیله = وس + ی + له

به این دلیل از این بن واژه در ساختن این واژه استفاده شده است که "وسیله" در واقع واسطه ای است که میان یک فرد و هدف او و یا عملی که می خواهد انجام دهد قرار می گیرد و به همین علت از پسوند نسبت "ی" پس از بن واژه ی "وَس" استفاده شده است چرا که ابتدا باید واژه ی "وسی" به معنی "میانی" از آن ساخته شود و سپس پسوند "له" (مانند واژگان فتیله و قبیله) به آن افزوده می گردد که معنا را اختصاصی تر کرده و از آن یک اسم می سازد که به معنای "آنچه نقش میانی را در انجام عمل دارد" است.

از نظر واژه سازی درست مانند واژگان "فتیله" و "قبیله" ساخته می شود.

وثیقه = وَس + ی + قه

به این علت از این بن واژه استفاده شده است که "وثیقه" در واقع پول یا تعهد مالی ای است که میانجی و یا واسطه ی آزادی یک فرد از زندان یا تقاضای مالی او (مانند پرداخت وام) از دیگری قرار می گیرد و در واقع به طور کلی در میان فرد و عملی شدن تقاضایی که از کس دیگری دارد جای می گیرد و در واقع وسیله ی رسیدن شخص به هدفش است و از نظر واژه سازی درست مانند واژه ی "سلیقه" ساخته می شود.

با دقت در واژه ی "وثیقه" دیده می شود که تنها حرف "ل" در وسیله با ""ق" جایگزین شده است و علت آن هم اشاره به حد نهایت واسطه گری در "وثیقه" می باشد.

وصیّت = وَس + ی + ت

از نظر معنایی هنگام "وصیت کردن"، شخص، کس یا کسانی را به عنوان میانجی برای عملی شدن درخواست هایش پس از مرگ قرار می دهد و به خاطر قائل شدن همین نقش میانجی از این بن واژه استفاده شده است.

وصی = وَس + ی

کسی که نقش میانجی و واسطه را ایفا می کند.

● **وَف** : سازگار شدن، سازگار کردن

وَفا – وَفق – وَفاق

وفا = وَف + ا

"وفا" به ساختن و سازگار شدن انسان با شرایط سخت گفته می شود به منظور آن
که کنار کسی بماند یا عهدی را به جا آورد و به علت وجود همین مفهوم سازگاری
در عمق معنای واژه از این بن واژه استفاده شده است.

وفق = وَف + ق
به معنای نهایت سازگار کردن خود با شرایط است.

وفاق = وف + اق
به معنای اتحاد است و به نهایت سازگاری با دیگران و یکی شدن اشاره دارد.

* **هِج** : جدا، جدایی

هجی کردن – هجا – هجر – هجرت – هجران - حجاب

هجی کردن = هِج + ی + کردن
به معنی جدا کردن بخش های یک واژه است.

هجا = هِج + ا
به بخش های جدا شده ی یک واژه گفته می شود.

هجر = هج + ر
به معنای جدا افتادن و دوری است.

هجرت = هج + ر+ ت
نخست واژه ی "هجر" ساخته می شود که به مفهوم دوری است و سپس با افزودن
پسوند "ت" از آن اسمی تازه به معنی "جدا شدن" و یا مجازاً به معنای "سفر"
ساخته می شود.

هجران = هج + ر+ ان
به معنای جدایی و دوری است و مانند واژه ی "فقدان" با افزودن "ان" به انتهای
واژه ساخته می شود.

حجاب = هِج + اب
پوششی که باعث جدایی چیزی یا کسی از دیگران می شود مثلاً در مصرع "حافظ
تو خود حجاب خودی از میان برخیز" منظور حافظ از "حجاب" آن چیزی است
که او را از معشوقش جدا می کند.

نمونه های دیگری از کاربرد پسوند "اب" را می توان در واژگان "قلّاب" و "پرتاب" یافت.

• **هَد** : نقطه ی میل نهایی

حد – هدف – حدس – هدایت – حدقه
حد
به معنای مرز و نقطه ی میل نهایی چیزی است.

هدف = هد + ف
نقطه ی میل نهایی انسان که اندیشه ی انسان آن را به عنوان مقصد در نظر می گیرد.

حدس = هد + س
در حدس زدن در واقع انسان نقاط نهایی ای که می تواند تصور کند را در نظر می گیرد و بیان می کند و می توان گفت به معنای تکرار تا حد و مرز چیزی رفتن است که به زیبایی معنا را می رساند.

هدایت = هد + ا + ی + ت
میل دادن چیزی به سوی حد و نقطه ی نهایی را گویند.

حدقه = هد + قه
حد و مرز دور چشم را گویند که همان حفره ی چشم است.

• **هر** : در معنای صفت مبهم "هر"، چیزی که خاص نیست و بی ریشه است و بی در و پیکر است

هرز – حرف - هرج – هرت – حرام

هَرز = هر + ز
به معنای آنچه اصل و ریشه ی درستی ندارد می باشد و مثلاً در ترکیب "علف هرز" به علفی که هر جا می روید گفته می شود و در ترکیب "آدم هرز" به انسانی گفته می شود که ریشه و کار درستی ندارد و به اصطلاح "هرجایی" است و معنای هر(به عنوان حرف اضافه) در آن بسیار پر رنگ است.

حرف = هر + ف

به کوچکترین جزء آوایی زبان گفته می شود که واژه را می سازد ولی خود به
تنهایی معنایی ندارد و به همین سبب می شود گفت که هر آوایی می تواند باشد و
خاص و ویژه نیست.

هرج = هر + ج
در ترکیب "هرج و مرج" کاربرد دارد و به معنای وضعیتی است که قانونی
برقرار نیست و هر اتفاقی ممکن است رخ دهد و به اصطلاح "هرکی به هرکی"
است پس همانطور که دیده می شود معنای بن واژه در آن آشکار است.

هرت = هر + ت

معمولاً در ترکیب "شهر هرت" کاربرد دارد و به همان وضعیت بی قانونی و
هرج و مرج اشاره دارد.

حرام = هر + ام
در اصطلاح دینی به غذا یا مالی گفته می شود که مسلمان جایز به استفاده از آن
نیست و می توان گفت به چیزی اطلاق می شود که از هر جایی می تواند آمده
باشد و دارای ریشه ی درستی نیست و به عبارئی هرز است و استفاده از آن
درست نیست.
از نظر واژه سازی مانند واژگان "سلام" و "پیام" ساخته می شود.

- **هَل** : گوارا، شیرین

حلوا – حلیم – حلاوت – حلال

حلوا = هَل + وا
نام یک خوردنی گوارا و شیرین است و مانند "رسوا" و "تقوا" ساخته می شود.

حلیم = هَل + یم
نام غذایی بسیار گوارا است.
به عنوان نمونه های دیگری از کاربرد پسوند "یم" می توان به "ترمیم" و "گلیم"
اشاره کرد.

حلاوت = هل + او + ت
درست مانند واژه ی طراوت ساخته می شود و به معنای گوارایی و شیرینی است.

حلال = هل + ال

در اصطلاح دینی به خوردنی و یا مالی گفته می شود که انسان مجاز به استفاده از آن است و در واقع برای انسان گوارا است.

* **هِم** : حس غیرت و اراده

همّت ــ حمیّت ــ حمایت ــ حماسه

هِمّت = هم + ت
به حس غیرت و اراده گفته می شود.

حِمیّت = هم + ی + ت
به معنای حس غیرت و اراده است و معنای بن واژه را دقیقاً در خود دارد.

حمایت = هم + ا + ی + ت
حمایت در معنا رابطه ی بسیار نزدیکی با حس غیرت دارد و در واقع انسان بدون وجود حس غیرت از کسی حمایت نمی کند و از نقطه نظر واژه سازی نیز مانند واژگان "سُرایت"، "شکایت" و "هدایت" ساخته می شود.

حماسه = هِم + ا + سه
به داستان یا کاری گفته می شود که پر از حس غیرت و اراده و حمیّت است. نمونه های دیگری از کاربرد پسوند "سه" را در "پَرسه" و "عطسه" می توان دید.

* **هَو** : خواهش نفسانی

هوا ــ هوس ــ هوو

هوا = هَو + ا
به معنای خواهش نفسانی و آرزو است.

هوس = هَو + س
به معنای خواهش نفسانی است و به وجود تکرار در آن هم اشاره دارد.

هوو = هو + و
به خواهشی نفسانی که زن دوم بر می انگیزد اشاره دارد.

- **هُو** : پیدا و آشکار

هویدا – هویت

هویدا = هُو + ی + دا
ابتدا حرف "ی" به بن واژه افزوده می گردد و معنا، به "هُو" نسبت داده می شود و سپس بن واژه ی "دا" که به معنای "داشتن" است به آن افزوده می گردد و واژه ی "هویدا" به معنای "دارای آشکاری" و یا "بسیار پیدا و آشکار" ساخته می شود. از نظر واژه سازی شبیه واژگان "پیدا" و "شیدا" است البته با اندکی تفاوت، چرا که در واژه ی "هویدا" ابتدا حرف "ی" به بن واژه افزوده می گردد و سپس پسوند "دا" افزوده می گردد ولی در "پیدا" و "شیدا" بن واژه ی "دا" مستقیماً به خود بن واژه می چسبد.

هویت = هُو + یت
شخصیت انسان، که بسیار هویدا و آشکار است.

- **یو**: تاختن، حمله کردن

یورش – یوز- یورتمه – یونان – یوسف

یورش : یو+ ر+ ش
اسم مصدر از فعل "یوریدن" به معنای "حمله کردن" است.

یوز = یو+ ز
به جانداری گفته می شود که با سرعت بسیار بالا به شکار خود حمله ور می شود.

یورتمه = یو+ ر+ ت + مه
به تاختن تند اسب هنگام اسب دوانی یا حمله اطلاق می شود.

یونان = یو+ ن + ان
ابتدا با افزودن حرف "ن" به بن واژه ی "یو" واژه ی "یون" ساخته می شود و سپس با افزودن "ان" که در اینجا پسوند مکان است "یونان" درست می شود که به معنای "سرزمین کسانی که یورش می آورند" یا به عبارت کوتاهتر "سرزمین مهاجمان" می باشد که با توجه به سابقه ی تاریخی ایران و یونان و جنگ های درگرفته میان آنها دلیل این نام گذاری روشن و آشکار می باشد.

یوسف = یو + س + ف

یوسف نام پیامبری است و به معنای کسی است که به او یورش ها و سوء قصد های زیادی انجام می شود که با سرگذشت یوسف پیامبر نیز بسیار سازگار است چرا که به او سوء قصد های زیادی انجام شد نظیر به چاه افکندن او و اتهام زدن به او و اسیر کردنش در زندان.

www.ingramcontent.com/pod-product-compliance
Lightning Source LLC
Chambersburg PA
CBHW051432150726
48000CB00005B/2074